DESSERTS

Kristiane Müller-Urban

DESSERTS

Mit 88 Rezepten,
exklusiv fotografiert
für dieses Buch
von
Wolfgang und Christel Feiler

SIGLOCH
Edition

Inhalt

Ein einfacher Nachtisch kann aus einer Schale mit frischen Früchten bestehen, aus einem buntgemischten Obstsalat mit einem Klecks Schlagsahne, aus eingemachtem Kompott, einem selbstgekochten Pudding oder Eiscreme mit süßen Erdbeeren.

VEREHRTE GENIESSER

Als Kind war ich und als Erwachsene bin ich immer noch närrisch nach allem Süßen. Als Kind liebte ich neben dem leckeren Schokoladenpudding meiner Mutter, der nicht aus der Tüte kam, sondern mit Milch, Zucker, Kakao und Speisestärke langsam auf dem Herd gerührt wurde, auch das schaumige Zuckerei. Sie rührte dafür ein frisches Ei mit einigen Esslöffeln Zucker schön schaumig. Zuerst löffelte ich genüsslich die obere, zarte Eicreme, dann kam die untere Schicht mit dem Zucker, der herrlich zwischen den Zähnen knirschte. Ja, ich höre ihn schon, den Aufschrei: „Rohe Eier für Kinder! Zucker, der zwischen den Zähnen knirscht! Das darf nicht sein wegen der Karies und wegen der Salmonellen in den Eiern!" Meinen Körper haben nie Salmonellen traktiert und gesunde Zähne habe ich immer noch.

Und heute? Im Restaurant schaue ich zuerst auf die Dessertkarte, bevor ich mich für Vor- und Hauptspeise entscheide. Erspähe ich gar einen Dessertwagen, der durchs Restaurant zu den Gästen geschoben wird, schlendere ich mit Stielaugen am Objekt meiner Begierde vorbei und überlege im Geiste, wie wenig ich essen muss, um wenigstens zwei Desserts genießen zu können. Zuhause geschieht es ähnlich, ich überlege mir zuerst ein leckeres Dessert und danach entscheide ich, welche Suppe, welcher Salat das Mahl einleiten soll und ob eine üppige Lammkeule mit Kartoffelgratin folgt oder ein zartes Seezungenröllchen auf Kräuterreis.

Mal ganz ehrlich, verehrter Leser: Was ist ein großes Menü schon wert, wenn der krönende, süße Abschluss fehlt! In diesem Sinne:

Keine Angst vor süßen Sachen,
die den Menschen glücklich machen.
Bereiten Sie auf meine Weisen
die allerfeinsten Götterspeisen.

Viel Spaß beim Zubereiten
und einen guten Appetit wünscht Ihnen
Ihre Kristiane Müller-Urban

Zucker aus Rohr und Rübe

Der Zucker aus dem in den Tropen wachsenden Zuckerrohr war in Europa lange ein Luxusartikel.

Eines vorweg: Zucker, Desserts, Süßspeisen, Nachtische sind nicht wichtig zum Überleben des Menschen. Aber was wäre das für ein Leben, was wäre ein gelungenes Mahl, ein Fest ohne diese süßen Köstlichkeiten? Honig und süße Früchte waren lange die einzige Süßspeise, die die Menschen aßen. Dann entdeckten sie den süßen Saft des Zuckerrohrs und später die Süßkraft der Runkelrübe.

Einst wuchs die robuste Zuckerrohrpflanze in Neuguinea und Indien. Über Land durch Wind und Wetter kam sie fast ohne menschliches Zutun nach Persien und breitete sich von dort bis zu den Kanarischen Inseln und Madeira aus. Aber greifen wir der Geschichte nicht vor.

Schon vor tausenden von Jahren schwelgten die Inder in Süßigkeiten. Babylonier, Ägypter, Assyrer und Phönizier ergötzten sich an lieblichen süßen Speisen, während Griechen, Römer und Germanen ihr Naschwerk nur mit Honig verfeinerten.

Als Jerusalem von den Kreuzrittern im 11. Jahrhundert erobert wurde, ließ Gottfried von Bouillon, König von Jerusalem und Herzog von Nieder-Lothringen, Zuckerrohrplantagen anlegen. Nun wurden nicht nur der süße Saft des Rohrs, sondern auch so exotische Früchte wie Feigen und Datteln, Kürbisse und Melonen nach Norden transportiert. Aber die Transporte waren gefährlich und teuer. Bald entdeckten schlaue Menschen, dass man mit Zuckerhandel gut Geld verdienen konnte. Am Bodensee wurde die Ravensburger Handelsgesellschaft gegründet, die Zuckerrohr aus Spanien kaufte und raffinierte. Auch auf Madeira wuchs das Rohr mit dem süßen Saft. Ein Handelskrieg entbrannte, als Sieger gingen Spanien und Portugal hervor.

Als Kolumbus im 15. Jahrhundert in die Neue Welt aufbrach, fand er das dortige Klima geeignet für Zuckerrohr, dessen Wert er durch seine Frau kannte, die von Madeira stammte. Bei seiner zweiten Reise gen Westen führte Kolumbus Setzlinge mit sich und ließ das Rohr in Plantagen anbauen. Der Hunger nach Zucker wurde im Laufe der Jahrhunderte in Europa immer größer, in gleichem Maße wurden in der Neuen Welt die Zuckerrohrplantagen erweitert. Immer mehr Plantagenarbeiter wurden gebraucht. Als die Europäer die Indianer auf den Zuckerinseln fast

ausgerottet hatten, brachten sie schwarze Sklaven auf die Felder und in die Zuckermühlen.
Die großangelegten Zuckerrohrplantagen in Holländisch- und Französisch-Westindien bewirkten ab dem 17. Jahrhundert den Wandel vom Honig zum Rohrzucker. In Europa etablierten sich allerorten Zuckersiedereien und der Beruf des Zuckerbäckers kam auf. Die Siedereien wetteiferten um den reinsten Zucker. Der Sklavenaufstand von 1791 auf San Domingo, dem heutigen Haiti, beeinträchtigte die Zuckerrohrausfuhr und 15 Jahre später kam es durch Napoleon zur Blockade des europäischen Festlandes. Zucker war nun knapp.

Einen Ausweg aus dieser Situation wiesen zwei Berliner. Mitte des 18. Jahrhunderts hatte schon der Berliner Apotheker Marggraf Zucker aus Rüben hergestellt, die aus Europa stammten. Aber niemand schien sich dafür zu interessieren. Erst als der Berliner Chemiker Achard 1801 eine Zuckerfabrik gründete, konnte er seinen König davon überzeugen, den Zuckerrübenbau zu forcieren. Überall wurden Rüben angebaut und Zucker gesiedet. Zuerst war es die Oberschicht, die sich so etwas Feines wie Zucker leisten konnte. Doch auch einfache Leute verlangten nach ihm. Der Rübenanbau wurde ausgeweitet und Zucker bezahlbar.

Der Beruf des Zuckerbäckers hat in Österreich eine lange Tradition, von der viele Konditoreien und Caféhäuser in Wien zeugen.

Nichts beruhigt Kopf und Bauch mehr als eine himmlisch süße Zuckerspeise. Die meisten Menschen – ganz gleich ob Jung oder Alt, Groß oder Klein, Dick oder Dünn – sind verrückt nach Süßspeisen und leben nach der Devise: Lieber etwas weniger Suppe und Kartoffeln mit Sauce essen als auch nur auf einen einzigen Löffel Dessert zu verzichten.

Zucker aus Zuckerrüben

Die Zuckerrüben-Pflanze mit ihrer knubbeligen Knolle stammt aus Europa. Sie gedeiht in nördlichen Klimazonen und enthält zwischen 15 und 20 Prozent Zucker. Zu den führenden Anbauländern gehören Deutschland, China, Frankreich, Polen, Russland und die USA.

Weißzucker ist Zucker in seiner einfachsten Form. Er wird auch Kristallzucker genannt, ist gröber und dunkler als Raffinade.

Raffinade ist feiner, weißer Zucker. Er wird aus besonders reinen Zuckerlösungen gewonnen. Raffinade wird grob, mittel und fein gemahlen angeboten. Feinster Zucker entspricht höchsten Ansprüchen. Er löst sich besonders schnell auf und ist ideal für zarte Teige und feine Desserts.

Puderzucker ist staubfein gemahlene Raffinade. Er süßt etwas weniger stark als Raffinade und wird für besonders feine Desserts und Kuchen verwendet. Hauptsächlich findet er aber Verwendung zum Bestäuben von Gebäck jeder Größe, für Glasuren und für Eischnee. Puderzucker sollte immer durch ein feines Sieb geschüttet werden, bevor er weiterverarbeitet wird. Als Spezialität gibt es in kleinen blauen Streudosen im Supermarkt bei den Backzutaten einen Dekorzucker, eine Art Zuckerschnee, der auf Gebäck und Desserts länger hält als Puderzucker.

Brauner Zucker wird auch Kandisfarin genannt. Der dunkle Zucker wird aus braunem Kandissirup gewonnen, dessen Karamell- und Bräunungsstoffe das Aroma des Zuckers verstärken. Er ist überall dort einzusetzen, wo ein leichter Karamellgeschmack gewünscht wird.

Farinzucker ist eine andere Bezeichnung für braunen Zucker.

Hagelzucker ist weißer, grobkörniger, aus kleinen Zuckerkristallen zusammengewachsener Zucker. Er dient dekorativen Zwecken. Sowohl Hefezöpfe, Kleingebäck als auch Weihnachtsplätzchen werden gern mit Hagelzucker bestreut, was sie besonders hübsch und appetitlich aussehen lässt.

Kandis entsteht durch langsames Auskristallisieren von reinen Zuckerlösungen. Im Handel gibt es weißen und braunen Kandis. Kandis wird gern für heiße Getränke verwendet.

Würfelzucker ist eine Spezialität, für die feinster Zucker angefeuchtet und in Form gepresst wird. Es gibt weiße und braune Ware. Zum Aromatisieren von Puddings und anderen Desserts können 1 bis 2 Würfel an unbehandelter Orangen- oder Zitronenschale gerieben und in der heißen Flüssigkeit aufgelöst werden. Dadurch erhalten Desserts eine zarte Zitrusnote.

Rübensirup wird auch Rübenkraut oder Zuckerkraut genannt. Er besteht aus Zuckerrüben, die gekocht und gepresst werden und ist reich an Mineralstoffen. Er kann zum Süßen von fruchtigen Desserts, Gebäck und Getränken verwendet werden.

Zuckersirup ist heller Sirup aus raffiniertem Zucker. Er ist ein beliebter Brotaufstrich und eignet sich zum Süßen von Desserts, Getränken und Gebäck. Er enthält keine Mineralstoffe.

Das Sortiment an Zucker lässt keine Wünsche offen. Für jede Zubereitung findet sich im Handel das passende Produkt.

Zucker aus Zuckerrohr

Die Pflanze des Zuckerrohrs gedeiht in tropischen Regionen unserer Erde. Die rund 5 Zentimeter dicken Stängel des bis zu sieben Meter hohen Grases werden mechanisch oder mit der Machete geschnitten. Das Mark des Zuckerrohrs enthält bis zu 15 Prozent Zucker. Wichtige Lieferanten sind Brasilien, Indien, Kuba, Mexiko und Pakistan.

Rohrzucker ist brauner Zucker, der durch Trocknen des Zuckerrohrsaftes gewonnen wird, auch Ursüße und Succanat genannt. Er wird vor allem in Reformhäusern und Bioläden angeboten.

Zuckerrohr-Sirup ist eine dunkle Flüssigkeit, die in Flaschen angeboten wird. Für Mixgetränke (Bar-Sirup) oder zum Süßen von Desserts geeignet.

Alternative Süssungsmittel

Alles was süß ist, versetzt die Menschen in Entzücken, besonders eine süße Speise. Griechen und Araber erfreuten sich lange vor den Nordmenschen am Genuss von Süßspeisen, an süßen Leckereien aus Früchten und Honig.

In Reformhäusern, Bioläden, und gut sortierten Supermärkten findet man besonders feine Süßungsmittel aus verschiedenen Pflanzen. Sie süßen nicht nur feinfruchtig und angenehm, sie enthalten darüber hinaus, wie auch reiner Bienenhonig, Mineralstoffe, die im Haushaltszucker und seinen Verwandten nicht enthalten sind.

Agavendicksaft ist gefilterter, eingedickter Saft der in heißen, trockenen Regionen wachsenden Agavepflanze. Er hat eine leicht höhere Süßkraft als Zucker.

Ahornsirup wird aus den Stämmen des in Nordamerika wachsenden Zuckerahorns gewonnen. Der Hauptlieferant ist Kanada. Wenn im Frühjahr der Saft der Bäume beginnt nach oben zu steigen, werden die Stämme angeritzt und der austretende Saft aufgefangen. Dieser wird durch Erhitzen zu dunklem Sirup. Zum Süßen von Desserts, Getränken und Gebäck, lecker über Pfannkuchen und Müsli.

Apfeldicksaft ist feinsäuerlich und wird aus eingedicktem Apfelsaft hergestellt. Er eignet sich zum Süßen von Milch- und Mehlspeisen, Obstdesserts und Getränken.

Apfelkraut wird wie Rübenkraut hergestellt und im Supermarkt angeboten. Das dunkle Apfelkraut (aus Äpfel und Birnen) dient hauptsächlich als Brotaufstrich, kann aber auch zum Süßen von fruchtigen Desserts, Getränken und Gebäck verwendet werden.

Birnendicksaft ist dickflüssiger, feinfruchtiger Sirup aus eingedicktem Birnensaft. Zu verwenden wie Apfeldicksaft.

Birnenkraut ist ebenfalls ein dunkler Sirup, der wie Apfelkraut und Rübenkraut hergestellt und wie diese verwendet wird.

Friate ist ein feines, süßsaures Würzmittel aus Apfelsaftkonzentrat, Karamellzucker und Gewürzauszügen. Diese Apfelwürze verfeinert nicht nur Salate, Rohkost und andere Speisen, sondern eignet sich ebenso vorzüglich zum Süßen und Würzen feinfruchtiger Desserts und Getränke.

Frutilose ist eine Obstsüße aus entsäuertem Apfelsaft- und Birnensaftkonzentrat. Sie dient vor allem als natürliche Süße für Getränke, Milchspeisen, Desserts und Gebäck.

Honig wird seit alters her zum Süßen verwendet. Honig von einer Pflanzenart sind zum Bei-

spiel Orangenblütenhonig und Lavendelhonig. Wiesenhonig und Waldhonig stammen dagegen von verschiedenen Pflanzen. Sehr kräftig schmeckt Tannenhonig, besonders mild sind Kleehonig und Akazienhonig. Flüssiger Honig eignet sich zum Süßen von Obst- und Cremedesserts, von Gebäck und Getränken. Fest gewordener Honig wird wieder flüssig, wenn man das Honigglas in heißes Wasser stellt.

Inulin ist ein Süßungsmittel mit Ballaststoff. Inulin ist ein prebiotischer, natürlicher und süßlich schmeckender Ballaststoff aus der Chicoréewurzel, der sich positiv auf die Darmflora auswirkt. Inulin ist gluten- und hefefrei und für Diabetiker geeignet. Er eignet zum Süßen von Backwaren, Desserts und Getränke.

Malzextrakt ist Sirup aus gekeimter Gerste. Er gilt als Nahrungsmittelergänzung und Stärkungsmittel für Jung und Alt. Er süßt fruchtige Desserts sowie Backwaren und Getränke.

Palmzucker ist Zucker aus getrocknetem Saft verschiedener Palmen. Man findet ihn in asiatischen Lebensmittelgeschäften und zwar als groben Zucker, in groben Stücken und in Form gegossen. Palmzucker (Gula Jawa, Jaggery) kann durch Rohrzucker ersetzt werden.

Maple Syrup, Ahornsirup, ist eine Delikatesse aus Kanada. Die Farbe des Sirups hängt von dem Erntezeitpunkt ab. Je früher der Ahornsaft im Jahr gewonnen wird, desto heller und qualitativ hochwertiger ist der Sirup.

Kakao – Zahlungsmittel und Naschwerk

Die Kakaoernte ist seit jeher reine Handarbeit. Mit langen Stangen, an denen speziell geformte Messer angebracht sind, wird jede Frucht einzeln und behutsam von den Stämmen abgetrennt.

Lang und spannend ist die Geschichte von „Xocolatl“, wie die Azteken sie nannten, die Schokolade. Viele Seiten, viele Bücher sind über diese „Götterfrucht“ geschrieben worden. Gesichert ist, dass die wertvollen Kakaobohnen den Azteken als Zahlungsmittel dienten. Wer und wann in den tropischen Wäldern Mexikos und Mittelamerikas entdeckte, dass die Früchte des sagenumwobenen Baumes genießbar sind, ist nicht überliefert. Es könnte sich so zugetragen haben: Die Bohnen fielen vom Baum und gärten auf dem feuchten Urwaldboden. Der Geruch war sicherlich nicht betörend, weshalb ein Indio zum nahen Bach lief und die Bohnen abwusch. Dann ließ er die fermentierten Bohnen einfach ein paar Tage in der heißen Sonne trocknen. Danach zerrieben die Frauen die Bohnen in Mörsern. Nun konnte jeder, dem der Sinn nach einer „Schokolade“ stand, etwas cremige Kakaomasse mit Wasser aufkochen und genussvoll schlürfen. Bald stellten die Indios fest, dass das Getränk noch besser schmeckte, wenn es kräftig gerührt wurde. Dafür wurden

dekorative Quirle, mit denen das Getränk aufgeschäumt wurde, aus Holz geschnitzt. Vielleicht wurde der munter machende Trunk schon damals mit Honig gewürzt. Je eine Prise Chili-, Zimt- und Pimentpulver gehörte auf jeden Fall in den Trank, wie übrigens auch die Vanille, die sich gern in der Nähe von Kakaobäumen ansiedelt.
Das Getränk der Einheimischen wurde zunächst von vielen europäischen Seefahrern als „Sautränke" bezeichnet. Erst als die Spanier Zucker aus Zuckerrohr herstellen konnten, wurde heiße Schokolade am Spanischen Hof zum beliebtesten Getränk, besonders der vornehmen Damen. Da die meisten Ländereien, in denen der Kakaobaum wuchs, den Spaniern gehörten, wurde heiße Schokolade das Nationalgetränk der reichen Spanier. Mitte des 17. Jahrhunderts drängten sich die Holländer in den Kakaohandel und bauten einen weltweiten Kakaomarkt auf. Schon 1657 gab es in Frankreich das erste Schokoladengeschäft und 1674 wurde in London feiner Schokoladenkuchen verkauft. Die Schokolade eroberte Europa im Sauseschritt. Schokolade war so begehrt und kostbar, dass es dem Italiener Sebastian de Aparico gelang, hohe Persönlichkeiten mit ihr zu bestechen, um heilig gesprochen zu werden. Andererseits verteufelten viele Leute das anregende Getränk wegen seiner sinnlichen Wirkung, Mönche sollten deshalb darauf verzichten. Die in Europa eröffneten Schokoladenhäuser wurden als „Schulen des Bösen" und „Spielhöllen" bezeichnet. Ein großer Fortschritt zeichnete sich ab, als es 1780 gelang, Schokolade maschinell herzustellen. Der holländische Kakaofabrikant C. J. van Houten durfte 1815 eine Kakaomühle betreiben und einige Jahre später lieferte er ein Pulver ohne die schwerverdauliche Kakaobutter. Inzwischen wurden die Kakaobäume auch in Afrika angepflanzt. Der Handel mit den Kakaobohnen blühte. Mitte des 19. Jahrhunderts gab es die erste Tafel Schokolade, 1875 die erste Milchschokolade. Kakaopulver und Schokolade kann sich heute jeder bei uns leisten. Wobei hohe Qualität natürlich auch ihren Preis hat.

Eine Tafel Schokolade ist heute für jedes Kind eine Selbstverständlichkeit.

Kakao, Kuvertüre und Schokolade

Kakaobohnen sind ein wichtiges Handelsgut. Einst dienten sie den Azteken als Zahlungsmittel, heute sind sie der Rohstoff für unzählige Schokoladenprodukte.

Der Weg von der Ernte der Kakaofrucht bis zur fertigen Schokolade ist weit und mühsam. Die Samenkörner, die so genannten Kakaobohnen, werden aus der Frucht gelöst, fermentiert, getrocknet, geröstet, aufgebrochen und gemahlen, bis eine glänzende Kakaomasse aus der Mühle fließt, die weiterverarbeitet wird. Zu den wichtigsten Kakaoanbaugebieten gehören neben Mittel- und Südamerika Teile Westafrikas und Asiens.

Kakao Nachdem die Kakaobohnen in einer Mühle zu einer halbflüssigen Kakaomasse verarbeitet wurden, wird diese Masse in einer Maschine gepresst. Hierbei tritt auf der einen Seite die hellgelbe Kakaobutter aus und auf der anderen Seite entsteht ein so genannter runder Presskuchen. Dieser fettarme Presskuchen wird des besseren Geschmacks wegen alkalisiert und später fein gemahlen. Je nach dem Fettgehalt des Presskuchens unterscheidet man zwischen stark und schwach entöltem Kakaopulver.

Kakaobutter ist ein beim Pressen der Kakaomasse ablaufendes gelbliches, gut schmeckendes Fett. Zusammen mit Kakaopulver und Gewürzen wird sie in einem komplizierten Prozess zu Schokolade, Kuvertüre und Pralinen verarbeitet. Ihr Schmelzpunkt liegt bei 32 °C.

Kuvertüre enthält im Unterschied zur „normalen“ Tafelschokolade mehr Kakaobutter. Diese fettreiche „Schokolade“ wird in dicken Blöcken und Tafeln angeboten. Sie ist nicht zum direkten Verzehr gedacht, sondern zum Überziehen von Gebäck, Pralinen und für Desserts. Es gibt dunkle (halbbittere), helle (Vollmilch) und weiße Kuvertüre (ohne Kakao). Eine gute Kuvertüre ist immer etwas teurer als eine einfache Sorte. Je mehr Kakaobutter eine Kuvertüre enthält, desto mehr Fingerspitzengefühl erfordert sie bei der Verarbeitung. Bevor Kuvertüre für einen Überzug verwendet werden kann, muss sie temperiert werden (siehe Seite 32).

Schokolade gibt es in verschiedenen Qualitäten. Milchschokolade muss mindestens 25 Prozent Kakaotrockenmasse enthalten. Schokolade mit der Bezeichnung „zartbitter“ oder „halbbitter“ muss mindestens 50 Prozent, „bittere Schokolade“ mindestens 60 Prozent Kakaotrockenmasse enthalten. Weiße

Qualitätsunterschiede im handelsüblichen Sortiment spiegeln sich in den Preisen der Produkte wider.

Schokolade enthält keine Kakaobestandteile außer Kakaobutter. Eine gute Tafelschokolade braucht man beispielsweise für eine gute Mousse au chocolat.
Herrenschokolade ist eine andere Bezeichnung für bittere Schokolade.
Karob ist ein anderer Name für den fast 12 Meter hohen Johannisbrotbaum. Lange Zeit diente Karob als Tierfutter und erst als Kakao in den 80-er Jahren des vorigen Jahrhunderts knapp wurde, erinnerte man sich wieder an Karob. Das süßliche Pulver wird aus den Schoten hergestellt. Karob-„Schokolade", „Kakao" und andere Karob-Erzeugnisse gibt es in Reformhäusern und Naturkostläden zu kaufen. Menschen, die auf Schokolade allergisch reagieren, können auf Karob-Produkte ausweichen.
Nugat ist eine schnittfeste, zartschmelzende Masse aus gerösteten Mandeln oder Haselnüssen, die mit Zucker, Kakaobutter und Kuvertüre hergestellt wird. Es gibt hellen und dunklen Nugat, die Farbe richtet sich nach dem Röstgrad der Nüsse und dem Anteil der hellen oder dunklen Kuvertüre.

Exotische Früchte

Heimische Früchte sind ebenfalls bestens zum Backen und Zubereiten von Desserts geeignet. Beeren und Kirschen werden auch tiefgefroren angeboten. Aprikosen, Pfirsiche, Pflaumen und anderes Obst unserer Breitengrade gibt es eingekocht in Gläsern und Dosen zu kaufen.

Was wäre ein Dessert ohne Früchte? Die einfachste Art ist es sicherlich, ein Stück Obst frisch zu verzehren. Aber mit den Früchten aus aller Welt lassen sich nicht nur leichte Nachspeisen, sondern auch die raffiniertesten Desserts zubereiten. Mal werden sie roh verarbeitet, mal werden sie gekocht, gefüllt oder püriert. Viele exotische Früchte wie Ananas, Mango, Papaya und Litschi finden Sie in gut sortierten Supermärkten oder in ausländischen Lebensmittelgeschäften in Dosen und Gläsern – und natürlich frisch. Gehen Sie ruhig einmal in ein ausländisches Geschäft, dort werden exotische Früchte meistens preiswerter angeboten als in deutschen Supermärkten.

Ananas gehört wohl zu den beliebtesten exotischen Früchten. Obwohl sie das ganze Jahr über bei uns angeboten wird, schmeckt sie im Winterhalbjahr am besten, wenn sie per Flugzeug als „Fluganananas" zu uns kommt. Sie wird reif geerntet und kommt auf dem kürzesten Weg in unsere Geschäfte. Eine aromatische Ananas duftet wunderbar. Rohe Ananas verträgt sich nicht mit Milch und Milchprodukten und geliert nicht mit Gelatine, es sei denn, das Fruchtfleisch kommt aus der Konserve oder wird gekocht. Die kleine Babyananas besitzt einen weichen, genießbaren Strunk.

Bananen sind das ganze Jahr über bei uns erhältlich. Gelbe Früchte haben ein festes, bräunliche ein weiches, süßeres Fruchtfleisch. Besonders aromatisch schmecken die kleinen Baby-, Mini- oder Apfelbananen.

Datteln Heute werden bei uns nicht nur Trockendatteln, sondern auch frische Datteln angeboten. Es handelt sich um reife Früchte, die gleich nach der Ernte vor Ort schockgefrostet werden. Die wieder aufgetauten Früchte werden bei uns als frische Datteln verkauft. Sie schmecken aromatischer als Trockenfrüchte. Datteln eignen sich zum Rohessen, für Obstsalate und Fruchtdesserts.

Feige Frische Feigen schmecken roh, allein und in Obstsalaten, am besten. Die grüne oder violette Schale kann nach dem Waschen mit verzehrt werden. Getrocknete Früchte werden in verschiedenen Qualitäten angeboten. Am besten schmecken die weichen großen Früchte. Harte Ringfeigen müssen vor

der Weiterverarbeitung eingeweicht werden.

Granatapfel In Herbst und Winter wird bei uns die Scheinfrucht Granatapfel angeboten. Die harte dünne Schale ist leicht durchzuschneiden. In den verschiedenen Kammern liegen die blassroten saftigen „Kerne“. Sie schmecken am besten in Obstsalaten und anderen Fruchtzubereitungen. Der Saft eignet sich hervorragend für Saucen und Glasuren.

Kapstachelbeere siehe Physalis.

Kaki Die orangegoldene Frucht enthält viel Gerbsäure, weshalb sie erst verzehrt werden kann, wenn sie weich und ausgereift ist. Sie stammt aus China, wird heute aber auch in Italien angebaut. Eine gerbstoffärmere Frucht ist die aus Israel kommende Sharonfrucht. Auch sie schmeckt erst richtig gut, wenn sie reif und weich ist. Beide Früchte bereichern Obstsalaten und eignen sich als Fruchtsauce.

Karambole Sie gehört zu den dekorativsten Früchten. Ihr strahlendes Aussehen offenbart die Sternfrucht allerdings erst, wenn man sie in Scheiben schneidet, dann leuchtet dem Genießer ein saftiger gelber Stern entgegen.

Kiwi Ursprünglich kam die pelzige Frucht aus Neuseeland zu uns. Schnell fand die Kiwi mit dem appetitlich grünen Fruchtfleisch und den hübschen

Frisches Obst am Straßenrand verspricht unvergleichlichen Genuss, wenn es sich wie hier in Südafrika um sonnengereifte Früchte handelt.

Früchte aus aller Welt betören mit ihrem Duft und Geschmack und erfreuen zugleich den Betrachter mit ihren kräftigen Farben.

schwarzen Kernen ihre Anhänger. Heute gedeiht die Kiwi sogar in Deutschland. Neben der grünen Frucht gibt es auch eine goldfleischige Sorte, die süßer schmeckt. Kiwis schmecken am besten frisch in Obstsalaten oder als Fruchtsauce. Bei Gelatinezubereitungen sollte die Frucht kurz erhitzt werden. Kiwis sind genießbar, wenn die Früchte auf Fingerdruck leicht nachgeben.

Kumquat Diese kleine Zwergorange stammt aus China. Die Schale kann von dieser herbsüßen Frucht mit verzehrt werden. Sehr apart schmecken einige klein geschnittene Früchte im Obstsalat. Besser ist es jedoch, wenn sie kurz mit Honig oder Zucker gekocht werden, bevor man sie weiter verarbeitet.

Litschi Die süße Frucht mit der dünnen, harten und rauhen Schale kommt aus China. Sie lässt sich leicht schälen. Der Kern wird vor der Weiterverarbeitung entfernt. Litschis gibt es auch in Dosen und Gläsern.

Mango Eine überaus köstliche Frucht aus den Tropen bereichert unseren Obstkorb. Die meisten Früchte sind hart, wenn sie verkauft werden. Der volle Genuss entwickelt sich erst, wenn die Mango auf Fingerdruck leicht nachgibt. Sie besitzt einen recht großen, abgeflachten Kern. Am besten wird das Fruchtfleisch vom Kern geschnitten und anschließend geschält. Mangofrüchte sind sehr saftig. Dieser gelbe Saft lässt sich nur schwer aus der Kleidung herauswaschen. Wie Ananas und Kiwi sollte die frische Mango nur erhitzt mit Milch und Milchprodukten sowie mit Gelatinezubereitungen in Berührung kommen. Harte Mangofrüchte reifen bei Raumtemperatur rasch nach.

Maracujas In den Tropen gedeihen die Passionsblumengewächse, die wohlschmeckende Früchte tragen. Meistens werden diese violetten, gelben oder orangefarbenen Früchte als Maracuja bei uns angeboten. Sie enthalten ein süß-säuerliches Gelee mit essbaren Kernen. Die Früchte werden hauptsächlich für Säfte verwendet, aber auch in Obstsalaten und Cremedesserts munden sie gar köstlich. Die Früchte werden einfach halbiert und das Innere mit einem Löffel herausgenommen.

Melonen Die wasserreichen Melonen werden fast ausschließlich im Sommer und Herbst angeboten. Aus warmen Ländern kommen aber auch in den kalten

Monaten kleine Zuckermelonen in den Handel. Am aromatischsten sind die Kantalup-, Netz- und Ogenmelonen. Sie munden pur und in Obstsalaten. In großen und kleinen ausgehöhlten Melonen lässt sich auf dekorative Weise ein Obstsalat anrichten. Wassermelonen werden selten für Desserts verwendet.

Papaya Die große, birnenförmige Frucht aus den Tropen gewinnt auch bei uns immer mehr Freunde. Wichtig ist, dass die Papaya reif ist. Die meisten Früchte werden bei uns unreif verkauft und müssen bei Zimmertemperatur lagern. Es gibt aber auch Früchte, die reif geerntet und mit dem Flugzeug zu uns kommen. Diese schmecken besonders fein. Papayas werden längs halbiert, die kleinen schwarzen Kerne werden entfernt und die Fruchthälften geschält. Papayas schmecken frisch in Obstsalat und als Fruchtsauce. Für Milch- und Gelatinezubereitungen sollen die Früchte kurz erhitzt werden.

Passionsfrucht siehe Maracuja.

Physalis Die kleine orangefarbene Frucht, auch als Kapstachelbeere bezeichnet, ist von einer papiernen Hülle umgeben. Sie wird entfernt, die kleinen aromatischen Früchte gewaschen und ganz oder halbiert für Obstsalate und andere Fruchtzubereitungen verwendet.

Rambutan Diese dekorative kleine Frucht mit der rotstacheligen Schale schmeckt ähnlich wie die Litschi.

Sharonfrucht siehe Kaki.

Sternfrucht siehe Karambole.

Zitrusfrüchte Dies ist der Oberbegriff für Orangen, Grapefruits, Mandarinen, Clementinen, Zitronen und Limetten. Der Saft von Zitronen und Limetten wird meist zum Säuern verwendet, die abgeriebene Schale zum Aromatisieren vieler Desserts. Auch die Schale von Orangen ist ein beliebtes Aroma, allerdings sollten die Früchte, deren Schale man verzehren möchte, unbehandelt sein. Trotzdem müssen die Früchte unter heißem Wasser abgespült und anschließend trockengerieben werden. Zum Garnieren wird Orangen- und Zitronenschale mit einem Zestenstreifen abgezogen und in wenig Zuckerwasser weichgekocht (siehe Seite 36). Orangen, Grapefruits, Mandarinen und Clementinen sind ideal für Obstsalate, mit ihrem Saft lassen sich fruchtige Desserts zubereiten.

Zwergorange siehe Kumquat.

Seit dem Mittelalter träumen die Menschen vom Schlaraffenland, wo nicht nur Milch und Honig fließen, sondern auch knusprig gebratene Tauben den Menschen direkt in den Mund fliegen. Die süßen Kirschen haben einen weichen Kern aus Zuckermandeln und die Häuser bestehen aus Lebkuchen, gezimmert aus duftenden Näglein, den Gewürznelken.

Milch, Milchprodukte und Eier

Kühe und Hühner sichern seit jeher die Ernährung der Menschen. Wie viel ärmer wäre unser Speisenplan, wenn wir auf Milch-. Milchprodukte und Eier verzichten müssen.

Viele Desserts werden mit Milch und Milchprodukten hergestellt, sei es ein schlichter Pudding, eine duftige Joghurtmousse, eine fruchtige Quarkspeise oder ein Tiramisu mit Mascarpone. Ja, und Eier sind fast immer auch mit im Spiel.

Butter wird aus dem Rahm (Sahne) der Milch gewonnen, indem er geschlagen, gestoßen und geknetet wird. Süßrahmbutter schmeckt mild, Sauerrahmbutter ist durch Zusatz von säurebildenden Bakterien würziger.
Buttermilch ist ein fettarmes und eiweißreiches Getränk mit weniger als 1 Prozent Fett. Wer Butter herstellt, erhält automatisch Buttermilch. „Buttermilch" darf bis zu 10 Prozent Wasser oder 15 Prozent Magermilch enthalten. „Reine Buttermilch" ist dickflüssiger und haltbarer.
Doppelrahmfrischkäse wird auch cream cheese genannt und kam ursprünglich als „Philadelphia" aus Amerika zu uns. Heute gibt es ihn aus Deutschland und Dänemark. Er enthält mindestens 30 Prozent Fett, leichte Versionen kommen mit der Hälfte des Fetts aus.
Eier müssen frisch sein und sollten aus artgerechter Tierhaltung stammen. Bei unseren Rezepten werden Eier der Handelsgröße M (mittlere Größe) verwendet. Eier sollten im Kühlschrank aufbewahrt werden. Desserts mit rohem Ei, auch mit Eischnee, dürfen nicht länger als 24 Stunden im Kühlschrank lagern.
Joghurt entsteht durch Zusatz von den Bakterienkulturen *Lactobacillus bulgaricus* und *Streptococcus thermophilus*. Durch *Lactobacillus acidophilus* und *bifidus* entsteht der besonders cremige „Joghurt mild". Rahm- oder Sahnejoghurt, wozu auch der griechische Joghurt gehört, enthält 10 Prozent Fett. Andere Sorten enthalten von 0,3 bis 3,5 Prozent Fett.
Körniger Frischkäse wird auch Hüttenkäse genannt. Für diesen Frischkäse wird der klein geschnittene Säure-Lab-Quark noch einmal erwärmt, wodurch sich die Quarkwürfelchen zu festen Körnchen zusammenziehen. Er enthält 10 oder 20 Prozent Fett in der Trockenmasse.
Mascarpone ist ein italienischer Frischkäse, der mindestens 40 Prozent Fett enthält. Er ist unerlässlich für Tiramisu und andere sahnige Desserts.
Milch wird in den Molkereien auf bestimmte Fettstufen einge-

stellt. Für Desserts verwendet man am besten Vollmilch oder H-Milch mit einem Fettgehalt zwischen 3,5 bis 3,8 Prozent.

Quark ist ein sehr beliebter Frischkäse, für den pasteurisierte Milch durch Milchsäurebakterien, zuweilen auch Lab, gesäuert und dickgelegt wird. Um die Trockenmasse einzustellen, wird der Speisequark zentrifugiert und erst durch Passieren cremig. Magerquark muss mindestens 18 Prozent Trockenmasse und 12 Prozent Eiweiß enthalten. Durch Zusatz von Sahne entsteht Speisequark mit 10 Prozent, 20 Prozent und 40 Prozent Fett in der Trockenmasse.

Ricotta ist eine italienische Spezialität. Sie wird aus Molke hergestellt, die bei der Herstellung von Käse aus Schaf- oder Kuhmilch anfällt. Enthält 15 Prozent Fett. Ricotta kann durch Magerquark ersetzt werden.

Schichtkäse ist eine Quarkspezialität, die besonders für warme Quarkspeisen eignet ist.

Schmand ist leicht säuerliche Sahne, die zwischen Crème fraîche und saurer Sahne einzuordnen ist. Der Fettgehalt liegt meist bei 24 Prozent.

Süße Sahne „Schlagsahne“ muss mindestens 30 Prozent, „Schlagsahne extra“ mindestens 36 Prozent Fett enthalten. H-Sahne ist länger haltbar und für gekochte Sahnedesserts ideal. Wird die Sahne geschlagen und mit einer Zubereitung gemischt, ist frische Sahne wegen des besseren Geschmacks vorzuziehen.

Die breite Palette an Milchprodukten bietet für jeden Bedarf Ware mit unterschiedlichem Fettgehalt.

Nüsse und Samen

Die Kokospalme mit ihrer riesigen Blätterkrone, die über 30 Meter hoch werden kann, gedeiht nur im tropischen Klima.

Nüsse werden am besten in der Schale gekauft und kurz vor der Weiterverarbeitung geknackt und je nach Rezept zerkleinert. Viele Nüsse und Samen werden auch in Reformhäusern in Bioländen verkauft. Werden Nüsse und Samen vor der Weiterverarbeitung kurz in einer fettfreien Pfanne geröstet, erhöht das ihren Wohlgeschmack.

Cashewkerne sind recht teuer, da sie einen langen Verarbeitungsprozess durchlaufen, bis sie geschält und geröstet in den Handel kommen.
Erdnuss Die Frucht gehört botanisch gesehen zu den Hülsenfrüchten und ist mit Erbse und Bohne verwandt. Ihre Schale lässt sich leicht öffnen ist, weshalb ein Nussknacker nicht erforderlich ist. Die dünne Haut lässt sich leicht entfernen.
Esskastanien werden auch Maronen genannt und eignen sich gut für herbsüße Desserts. Frische Esskastanien sind fest, schwer und glänzend. Um sie aus ihrer harten Schale zu lösen, die Früchte an der Spitze kreuzweise einritzen und bei 200 °C im Backofen so lange rösten, bis die Schale aufplatzt. Leicht abkühlen lassen und so schälen, dass auch die braune, bittere Haut entfernt wird. Es gibt Püree in Dosen und geschälte Esskastanien im Vakuumpack.
Haselnuss Die kleine runde oder längliche Nuss besitzt eine relativ feste Schale, die sich jedoch leicht knacken lässt. Die braune Haut kann mitverzehrt werden. Um sie zu entfernen, die Nüsse in einer fettfreien Pfanne rösten und in einem Tuch hin- und herrubbeln.
Kokosnuss Unter einer harten braunen, faserigen Schale, die schwer zu knacken ist, befindet sich das schneeweiße Fruchtfleisch, welches das leicht süßliche Kokoswasser einschließt. Für Dekozwecke kann man von dem weißen Fruchtfleisch mit einem Sparschäler Locken abziehen. Im Handel sind getrocknete Kokosflocken, die besonders geröstet gut schmecken, sowie Kokosmilch in Dosen.
Macadamianüsse werden vor allem in Australien und Hawaii geerntet. Die runde, sehr fettreiche Nuss ist sehr schmackhaft.
Mandeln kommen geknackt und meistens mit ihrer braunen Haut in den Handel. Um diese zu entfernen muss man die Mandeln 2, 3 Minuten in Wasser kochen. Etwas abgekühlt, lässt sich die

Haut zwischen Daumen und Zeigefinger leicht entfernen.
Mohn Schlafmohn stammt aus Kleinasien. An der krautigen Pflanze entwickeln sich aus bunten Blüten Kapseln mit winzigen graublauen Samen. Reifer Mohn hat keine narkotisierende Wirkung mehr. Mohn wird ganz verkauft, muss aber gemahlen, besser gequetscht werden, damit er schmeckt. In einigen Geschäften wird der Mohn auch frisch gemahlen.
Paranüsse Die harten Nüsse stammen aus Südamerika.
Pecannuss Schon die Indianer Nordamerikas haben sich von den schmackhaften Nüssen des Hickorybaumes ernährt. Pecannüsse haben eine glatte Schale, lassen sich leicht öffnen, ähneln den Walnüssen, sind aber milder.
Pinienkerne sitzen in den Zapfen der am Mittelmeer wachsenden Pinien. Die kleinen, länglichen Pinienkerne schmecken leicht harzig und angenehm süß. Eine Pinie trägt erst nach 25 Jahren Zapfen. Die kleinen Kerne werden mühsam mit der Hand geerntet, was sich im Preis bemerkbar macht.
Pistazien Die kleinen grünen Samenkerne schmecken angenehm nussig und süßlich und eignen sich gut zum Dekorieren von Desserts.
Walnuss ist beliebt für Gebäcke und Desserts. Die Handelsbezeichnung „noix de Grenoble“ sagt aus, dass die Nüsse aus der Region um Grenoble stammen. Sie sind sehr schmackhaft, fettärmer und kleiner als Walnüsse aus Kalifornien.

Die Auswahl an Nüssen und Samen ist groß. Zu den beliebtesten zählen auch Kürbiskerne, Sesam und Sonnenblumenkerne.

Gewürze

Kaufen Sie die Gewürze nur in kleinsten Mengen und möglichst auch nicht gemahlen mit Ausnahme von Zimt. Im Fachhandel finden Sie eine Reihe guter Gewürzmühlen, in denen sich zum Beispiel Anis, Kardamom und Gewürznelken problemlos nach Bedarf mahlen lassen. Gewürze stets in dunklen, verschließbaren Gefäßen aufbewahren und nach spätestens einem Jahr durch neue ersetzen. Feste Gewürze können auch im Mörser zerrieben werden, allerdings werden sie dann nicht so fein wie aus der Gewürzmühle.

Was wäre ein Vanillepudding ohne Vanille? Ein geschmacksneutraler süßer Brei aus Milch, Zucker und Stärke. Gewürze machen unsere Speisen nicht nur bekömmlicher, sondern verleihen Desserts erst den richtig vollmundigen Geschmack. Die meisten Gewürze gedeihen in den Tropen. Früher, als alle Gewürze als Pfeffer bezeichnet wurden – daher auch die Bezeichnung Pfefferkuchen für Gewürzkuchen –, konnte sich nur die Oberschicht die kostspieligen Gewürze leisten und die so genannten Pfeffersäcke, die Gewürzhändler, wurden reich und angesehen. Heute zahlen wir ein paar Euro, um Zimt aus Ceylon, Gewürznelken aus Sansibar, Vanille aus Réunion zu bekommen.

Alkohol, Likör Alkohol ist wie Fett ein Geschmacksträger und -verbesserer. Im Prinzip kann jeder Wein und Süßwein, Schaumwein und Champagner, jeder Likör und jede Spirituose zum Aromatisieren von Desserts verwendet werden, vorausgesetzt, sie passen geschmacklich zu den Zutaten. Apfelwein und Apfelschnaps passen gut zu Apfeldesserts. Pflaumen und Zwetschgen harmonisieren gut mit Cognac oder Rum, Rotwein oder Slibowitz, ein Weintraubenragout wird durch Wein und Grappa erst richtig lecker.

Anis sind Samen mit kräftigem Geschmack, die möglichst nur gemahlen und sparsam verwendet werden sollten. Anis schmeckt gut in Kompotten und fruchtigen Aufläufen.

Aromen Es gibt natürliche und naturidentische Aromen. Letztere sind künstlich hergestellt. Im Handel finden Sie verschiedene Vanillearomen: als künstlichen Vanillinzucker, als echten Vanillezucker und als flüssiges Vanillearoma. Die beliebten Orangen- und Zitronenschalenaromen gibt es ebenfalls als Pulver und in flüssiger Form in kleine Beuteln. Orangen- und Zitronenschale kann auch von unbehandelten Früchten fein abgerieben werden. Die Früchte sollte zuvor heiß abgewaschen werden. Rum-, Kirsch-, Mandel-, Bittermandel- und Butteraromen sind in kleinen Glasröhrchen und kleinen Beuteln erhältlich.

Espresso siehe Kaffee.

Gewürznelke Die kleinen getrockneten Knospen des Gewürznelkenbaums gehören zum Glühwein wie Eier zum Soufflé. Dieses brennendscharfe Gewürz

COINTREAU
FINE
Pâpidoux
Calvados
FINE
LIQUEUR
Grand Marnier
1999
VIN D'ALSACE
CLEEBOURG
BOLS
SCHLADERER
DISARONNO
DISARONNO
ORIGINALE
NESCAFÉ
espresso
AZAFRÁN
Citro
back
Orange
back

Sonnengereifte Zitronen an einem Marktstand in Italien, saftig und von verführerischem Duft.

erinnert an kleine Nägel, weshalb es vom Volksmund auch als Nägele besungen wird. Ganze Nelken werden in Kompotten mitgekocht und später entfernt. Eine Prise Nelkenpulver verleiht fruchtigen und cremigen Desserts eine feine Note.

Ingwer ist das Gewürz Indiens. Ingwer gibt es frisch, als Pulver, getrocknet, als Konfitüre und in Sirup eingelegt. Frischer Ingwer hat eine glatte, glänzende Haut. Bei Bedarf ein Stück abschneiden, schälen, hacken oder fein reiben. Durch Erhitzen verliert Ingwer viel von seiner Schärfe. Ingwer schmeckt zu vielen Früchten. Erdbeeren mit einem Hauch Ingwer haben durchaus ihren Reiz. Ein paar Scheiben vom frischen Ingwer kann man in Kompotten mitkochen und später entfernen. Ingwer mundet zu exotischen Desserts, sei es mit Ananas, Papaya, Kokosnuss oder Mango.

Kaffee Kaffee, insbesondere lösliches Kaffeepulver sowie starker Espresso, eignen sich vorzüglich zum Abschmecken von Schokoladendesserts. Ein schnelles Rezept für ein feines Mokkadessert steht auf Seite 34.

Kardamom Denken Sie nicht an Hustenbonbons, sondern an ein süßsaures Birnenkompott mit einem Hauch Kardamom. Auch zu Äpfeln, Pflaumen, Quitten, zu Schokoladen- und Mokkadesserts passt Kardamom sehr gut. Die kleinen Samen werden am besten frisch gemahlen verwendet.

Kurkuma wird auch Gelbwurz genannt. Zu Pulver vermahlen ist Kurkuma ein wichtiger Bestandteil des Currypulvers. Der Geschmack des Pulvers ist gering, weshalb man gut etwas davon zum Färben von Milch- oder Sahnedesserts verwenden kann. Safranpulver ist ebenso gut geeignet („Safran macht den Kuchen geel"), schmeckt jedoch mehr hervor und ist recht teuer. In Asialäden finden Sie frische Kurkumawurzel. Auch sie kann zum Färben von Desserts verwendet werden. Ein Stück der Wurzel wird geschält und ganz mitgekocht.

Orangenschale siehe Aromen (Seite 24) und Grundzubereitungen (Seite 36).

Pfefferminze Frische Blätter sind ideal zum Garnieren von Desserts. Und wenn die violetten Blüten in der Herbstsonne leuchten, dann dienen auch diese zum Verzieren. Blätter und Blüten sind essbar, klein geschnittene Blätter passen gut zu

Obstsalaten. Pfefferminzlikör würzt Saucen und Minzmousse.

Safran siehe Kurkuma.

Salz So, wie jedes pikante Gericht durch eine Prise Zucker einen runden Geschmack bekommt, wird der Geschmack einer Süßspeise durch eine Prise Salz verstärkt.

Sternanis ist das dekorative Gewürz eines immergrünen, tropischen Magnolienbaumes. Obwohl er nicht mit Anis verwandt ist, schmeckt er ähnlich.

Vanille Die schlanke, braunschwarze Schote gilt als Königin der Gewürze. Die aromatische Schote wird bei uns einzeln in Glasröhrchen verpackt verkauft und ist im Vergleich zu einem Tütchen Vanillin- bzw. Vanillezucker recht teuer. Dafür belohnt sie uns mit einem feinen Geschmack. Zum Würzen von Desserts wird die Vanilleschote längs aufgeschnitten und das Mark herausgeschabt. Mark und Schote sollten einige Minuten in heißer Flüssigkeit ziehen, damit sie ihren guten Geschmack abgeben. Vanille verträgt sich gut mit fast allen anderen Gewürzen, deshalb wird sie auch in zahlreichen Desserts verwendet. Wer seinen Vanillezucker selbst herstellen möchte, mischt Vanillemark und die klein geschnittene Schote mit 100 Gramm Zucker und lässt diese Mischung einige Wochen stehen, zwischendurch das Schütteln nicht vergessen.

Zimt Der helle, duftende Ceylon-Zimt gilt als der hochwertigere, der Zimt aus China und Indonesien ist dunkler und kräftiger im Geschmack. Mit Zimtpulver werden Schokoladen- und Kaffeedesserts ebenso gewürzt wie zahlreiche fruchtige Desserts. Zimtrinde wird gern im Kompott mit gekocht und später entfernt; sie hinterlässt einen feinen Zimtgeschmack.

Zitronenmelisse Hierbei handelt es sich um eine alte Heilpflanze. Ihre Blätter schmecken und riechen nach Zitronen. Ein paar klein geschnittene Blätter schmecken gut in fruchtigen Zubereitungen. Diese würzige Pflanze kann man, wenn überhaupt, nur in kleinen Töpfen kaufen. Sie werden wie Pfefferminzblätter fast ausschließlich zum Garnieren von Desserts verwendet. Zitronenmelisse gedeiht recht gut in Töpfen oder Kästen auf Balkon und Terrasse und natürlich im Garten.

Zitronenschale siehe Aromen (Seite 24) und Grundzubereitungen (Seite 36).

Zimt riecht gut, schmeckt gut. Wahrscheinlich ist es das älteste Gewürz, das wir kennen. Schon vor über 6000 Jahren wurde mit Zimtrinde in China gehandelt. Europa kam erst im 16. Jahrhundert in den Genuss von Zimt, nachdem die Portugiesen auf Ceylon, heute Sri Lanka, landeten. Auch um den Zimt tobte ein Krieg. Die gewitzten Holländer nahmen den Portugiesen das Zimtmonopol ab, das bald darauf die Engländer in Händen hielten. Daraufhin pflanzten die Holländer Zimtbäume in Indonesien an, wo er noch heute gedeiht.

Unverzichtbare Hilfsmittel

Korinthen, Sultaninen, Rosinen – immer handelt es sich um getrocknete Weinbeeren, mal sind es helle Trauben, mal dunkle. Sie sollten immer lauwarm abgespült werden und anschließend gut abtropfen. Saftige kalifornische Rosinen brauchen nicht gewaschen zu werden. In Feinkostläden erhalten Sie besonders große und saftige Rosinen. Auch hier gilt wieder: Je höher der Preis desto besser die Qualität.

Um aus einem Nachtisch ein großartiges Dessert zu machen, braucht man viele kleine Helfer, die im Supermarkt, im Reformhaus oder im Naturkostladen erhältlich sind.

Agar-Agar Wer keine Gelatine, ein tierisches Produkt, verwenden möchte, stützt seine Desserts mit Agar-Agar aus Algen. Es stützt Ihr Dessert wie Gelatine, nur muss Agar-Agar 2 Minuten mit der Flüssigkeit gekocht werden. 1 gestrichener Teelöffel Agar-Agar entspricht 6 Blatt Gelatine.

Gelatine ist in Form von Blättern oder Pulver, rot oder weiß, erhältlich. Gelatine ist unentbehrlich für Gelees und zahlreiche cremige Desserts, um ihnen festen Stand zu ermöglichen. Gelatineblätter in reichlich kaltem Wasser 10 Minuten einweichen, gut ausdrücken und in heißer, nicht kochender Flüssigkeit (Saft oder Wein) auflösen. Oder 1 Päckchen Gelatinepulver in 80 bis 100 Milliliter kaltem Wasser einweichen. Da Pulver im Wasser quillt und nicht ausgedrückt werden kann, muss man bei der Berechnung des zu erwärmenden Saftes die Menge an Flüssigkeit berücksichtigen, die zum Einweichen benutzt wird. Ananas, Kiwi, Papaya und Feige lassen sich im rohen Zustand nicht mit Gelatine verarbeiten, da sie eiweißspaltende Enzyme besitzen, welche die Gelatine wieder verflüssigen.

Kakao siehe Seite 14.

Kuvertüre siehe Seite 14.

Marzipanrohmasse Diese feine Masse besteht aus Mandeln und Zucker. Für die Weiterverarbeitung wird sie mit gesiebtem Puderzucker verknetet oder je nach Rezept mit einer beliebigen Flüssigkeit (zum Beispiel Milch, Eiern, Wein, Likör) kalt oder erwärmt glatt gerührt. Wer sich die Arbeit erleichtern möchte, kauft eine fertige Marzipandecke. Mit ihr lassen sich Geleedesserts problemlos ummanteln. Allerdings sollte ein solches Dessert nicht zu lange stehen, weil die Marzipandecke die Feuchtigkeit aus dem Dessert zieht.

Reisblätter Diese spröden Blätter finden Sie in Asialäden und in den entsprechenden Abteilungen gut sortierter Supermärkte. Die Reisblätter werden am einfachsten zwischen feuchten Küchentüchern elastisch und formbar. Sollte sich beim Füllen ein Riß oder ein Loch ergeben, so lässt sich beides leicht mit ei-

nem Stück aufgeweichtem Reisblatt flicken. Die Blätter werden gefüllt und nach Rezept in Fett knusprig gebraten oder über Dampf gedämpft.

Sahnesteif Hierbei handelt es sich um ein Pulver in kleinen Tütchen, welches der Sahne während des Schlagens beigegeben wird. Damit erhöht sich die Standfestigkeit der Sahne. Trotzdem sind diese Sahnezubereitungen nur einige Stunden stabil.

Schokolade siehe Seite 14.

Speisestärke Mit der geschmacksneutralen Mais- oder Kartoffelstärke werden Puddinge zubereitet. Die Stärke wird stets mit wenig kalter Flüssigkeit angerührt, in die kochende Flüssigkeit eingerührt und muss einmal aufkochen. Für einen halben Liter rechnet man 40 Gramm. Soll die Zubereitung gestürzt werden, muss die Menge um 5 Gramm erhöht werden. Speichel zersetzt die Zubereitung: Deshalb stets einen sauberen Löffel zum Probieren verwenden.

Trockenfrüchte Heute sind diese beliebten Früchte so weich, dass sie nicht mehr oder höchstens 1 bis 2 Stunden in Wasser oder Wein eingeweicht werden müssen. Nur besonders harte Früchte sollten Sie über Nacht in kaltem Wasser einweichen und anschließend garen. Viele getrocknete Früchte erhalten Sie auch in Reformhäusern und Naturkostläden. Empfindlichen Menschen seien ungeschwefelte Früchte empfohlen, die geschwefelten Früchten sollten Sie stets gut mit lauwarmem Wasser abspülen und gut abtropfen lassen.

Ananas, Äpfel, Aprikosen, Bananen, Birnen, Cranberries, Datteln, Feigen, Kirschen, Korinthen, Mango, Papaya, Pflaumen und Trauben werden auch getrocknet, gedörrt, angeboten. Die bei uns gebräuchliche Mischung Backobst besteht aus Äpfeln, Birnen, Pflaumen und Aprikosen.

Wichtige Grundzubereitungen

Das Wort süß bezeichnet nicht nur den Geschmack auf der Zunge, als süß werden auch kleine Kinder und Tiere bezeichnet, die mehr oder weniger tolpatschig umhertollen und die Erwachsenen mit ihrer Drolligkeit erfreuen. Süß ist auch die erste Liebe und der erste Kuss.

Wie fast überall im Leben gibt es auch beim Zubereiten von Desserts ein paar Tipps und Tricks, die man befolgen sollte, damit das Ergebnis ein Gutes wird.

Baiser Diese duftigen weißen Schäumchen lassen sich schnell herstellen, der Trocknungsprozess dagegen braucht etwas Zeit. Für die Baisermasse 5 gut gekühlte Eiweiße in einer fettfreien Schüssel halbsteif schlagen, dann etwas Salz oder etwas Zitronensaft und nach und nach je 100 Gramm feine Raffinade und gesiebten Puderzucker langsam dazugeben und weiterschlagen, bis die Masse lange Spitzen bildet und schnittfest ist. Salz und Zitronensaft sorgen für gute Standfestigkeit. Für besonders feste Baisermassen können unter den Eischnee 2 bis 3 Esslöffel Speisestärke gehoben werden. Zum Trocknen den Backofen auf 100 °C (Gas Stufe 1, Umluft 80 °C) vorheizen. Ein Backblech mit Backpapier auslegen. Nach Rezept Böden, Hüllen, kleine Nester oder Tupfen aus der Baisermasse mit einem Spritzbeutel mit Sterntülle aufs Backblech setzen und in 2 bis 3 Stunden im Backofen mehr trocknen als backen. Die Baisers sollten weiß bleiben. Die Ofentür sollte während des Backens durch Einklemmen eines Holzlöffels leicht geöffnet sein. Die Baisermasse kann mit Fruchtsaft oder Speisefarbe gefärbt und die fertigen Baisers mit flüssiger Kuvertüre überzogen werden.

Eischnee Um einen festen Eischnee zu bekommen, sollten die Eier gut gekühlt, das Gefäß und das Schlaginstrument völlig fettfrei sein. Beim Trennen der Eier darf kein Eigelb ins Eiweiß gelangen, weil dieses das Steifwerden verhindert. Eiweiß wird durch eine Prise Salz oder etwas Zitronensaft besonders fest. Zum Süßen eignen sich gesiebter Puderzucker oder feine Raffinade, die man langsam während des Schlagens einrieseln lässt.

Flammeri ist die alte Bezeichnung für eine Speise aus Milch, Zucker und Aromastoffen, die wir heute „Pudding“ nennen. Ein Pudding war ursprünglich eine Süßspeise, die in einem geschlossenen Gefäß im Wasserbad gegart und warm gegessen wurde. (Siehe Pudding Seite 34).

Fruchtsaucen Für eine einfache Sauce werden ein Viertel Liter kaltes Wasser mit 3 bis 4 Esslöffel Zucker und 1 Teelöffel Speise-

stärke unter Rühren zum Kochen gebracht. 250 Gramm Beeren oder Kirschen putzen, pürieren und mit der heißen Sauce mischen. Feinere Fruchtsaucen bestehen nur aus Früchten und Zucker. Dafür 250 Gramm geputzte Früchte (Beeren jeder Art, auch gemischt, Aprikosen, Pfirsiche, Nektarinen, Zwetschgen, Mango oder Ananas) mit 4 bis 5 Esslöffel Zucker oder Puderzucker oder 5 bis 6 Esslöffel Läuterzucker (siehe Seite 34) pürieren und nach Belieben durch ein feines Sieb streichen. Etwas Zitronensaft erhöht den Geschmack der Sauce. Man kann auch ein paar kleine Fruchtstückchen unter die fertige Sauce rühren. Die Saucen können mit passendem Alkohol aromatisiert werden: mit Likören von Erdbeeren, Johannisbeeren (Cassis), Brombeeren, Aprikosen, Pfirsichen, Ananas oder aber mit Cognac und Obstbränden. Alle Saucen schmecken warm oder kalt.
Gelee ist ein leichtes und einfaches Dessert. Dafür 6 Blatt rote oder weiße Gelatine in reichlich kaltem Wasser etwa 10 Minuten einweichen. Einen halben Liter Saft, Wasser oder Wein erhitzen und mit 5 bis 7 Esslöffel Zucker süßen. Die Gelatine ausdrücken und in der heißen, nicht kochenden Flüssigkeit auflösen. Ein paar Tropfen Zitronensaft erhöhen den Geschmack. Das Gelee in möglichst kalte Formen gießen und im Kühlschrank erstarren lassen. Soll das Gelee gestürzt oder für Dekorationen verwendet werden, empfiehlt es sich, 1 bis 2 Blatt Gelatine mehr zu verwenden oder die Flüssigkeitsmenge etwas zu reduzieren. Das Gelee wird zudem standfester, wenn die Hälfte des Zuckers erst nach dem Kochen eingerührt wird. Für dekorative Geleewürfel die Zubereitung in ein flaches, rechteckiges Gefäß gießen und mindestens 3 Stunden kühlen. Ein Gelee lässt sich leicht stürzen, wenn man die Form kurz in warmes Wasser taucht. Das gestürzte Gelee in beliebige Formen schneiden oder ausstechen.
Karamell ist gebräunter Zucker. Um ihn herzustellen, Zucker oder gesiebten Puderzucker in die Mitte eines kalten Topfes oder einer kalten Pfanne geben

Baiser ist Schaumgebackenes aus Eischnee und Zucker – luftig, leicht und locker.

Wo immer aus Schokolade und Kuvertüre feine Leckereien gezaubert werden, erfordert das hochwertige Lebensmittel volle Aufmerksamkeit bei der Zubereitung.

und erhitzen. Der Zucker schmilzt und wird nach und nach immer dunkler. Je nach Verwendungszweck gibt man noch ein wenig Butter und Honig dazu. Anschließend wird die helle bis dunkle Masse nach Rezept weiterverarbeitet oder auf leicht eingeölte Alufolie gegossen, nach Bedarf dünn ausgestrichen und kann nach dem Erstarren in Quadrate, Rechtecke, Kreise oder Monde geschnitten oder einfach zerkrümelt werden.

Kompott Früher kochte man im Sommer, wenn Obst in Hülle und Fülle zur Verfügung stand, Kompott ein. Das gab´s dann immer sonntags mit einem Klecks Schlagsahne oder einer Vanillesauce oder auch zu einem gekochten Pudding. Apfel- und Birnenkompott, Rhabarber-, Kirsch- und Pflaumenkompott sind heute immer noch beliebt, sie werden jedoch weniger eingekocht, sondern frisch zubereitet und gleich verzehrt. 500 Gramm beliebige Früchte werden geputzt, nach Bedarf geputzt und in wenig Wasser mit etwas Zucker langsam gegart, ohne dass die Früchte zerfallen. Zum Würzen eignen sich Zitronensaft, Zimt, Sternanis, Gewürznelken und Vanille. Die Früchte können auch in Wein oder ihren Säften gegart werden. Wer den Karamellgeschmack liebt, löst den Zucker zu hellem Karamell auf, gibt die Früchte sowie etwas Flüssigkeit hinein und kocht sie bissfest.

Krokant ist ein edles Naschwerk aus Zucker und Nüssen. Meistens verwendet man gehobelte, gehackte oder gestiftelte Mandeln, Haselnüsse oder Walnüsse. Aber natürlich schmeckt Krokant auch mit allen anderen Nüssen und Samen. Zuerst wird ein Karamell (siehe Seite 31) aus 80 Gramm Zucker mit 3 Esslöffel Wasser gekocht. Dann gibt man ein kleines Stückchen Butter und nach Geschmack einen Löffel Honig sowie etwa 60 Gramm zerkleinerte Nüsse dazu. Sobald die Nüsse vom Karamell überzogen sind, werden sie auf eingeölte Alufolie gestrichen. Wer Plätzchen ausstechen möchte, streicht die Masse dünn und glatt aus. Ansonsten wird die erstarrte Krokantmasse zerkleinert und weiterverarbeitet.

Kuvertüre temperieren Bevor die Kuvertüre für einen Überzug verwendet werden kann, muss sie temperiert werden, denn eine zu stark erhitzte Kuvertüre entwickelt beim Abkühlen ein mattes, streifiges Aussehen. Am

Der Name Läuterzucker stammt noch aus der Zeit, als die Raffinade, der besonders reine Zucker, nicht bekannt war. Der Zucker musste dann für bestimmte feine Zubereitungen geläutert, also geklärt werden.

einfachsten ist es, die Kuvertüre zunächst grob zu raspeln. Etwa die Hälfte davon langsam im 50 °C heißen Wasserbad erwärmen. Nach und nach die restliche Kuvertüre einrühren. Ist die ganze Kuvertüre geschmolzen, wird sie durch Rühren auf 32 °C heruntergekühlt. Auch für Desserts kann die Kuvertüre auf diese Weise verflüssigt werden. Wassertropfen dürfen nicht in die Masse gelangen.

Läuterzucker ist Zuckersirup, der für einige Desserts, beispielsweise Sorbets, benötigt wird. Dafür wird Zucker (in Gramm) mit Wasser (in Milliliter) im Verhältnis 1:1 eine Minute lang gekocht, also etwa 250 Gramm Zucker mit 250 Milliliter Wasser. Bitte nicht umrühren, weil der Zucker dann auskristallisiert. Für einen kräftigen Sirup benötigt man nur die halbe Menge Wasser, also 250 Gramm Zucker und 125 Milliliter Wasser. Läuterzucker ist im Kühlschrank etwa sieben Tage haltbar. Am Rand des Topfes bilden sich Zuckerkristalle, die mit einem fettfreien, feuchten Pinsel immer wieder entfernt werden müssen.

Mokkadessert Ein feines Dessert ist schnell zubereitet: Für 4 Personen 400 Gramm kalte, süße Sahne halb steif schlagen, 3 bis 4 Esslöffel Zucker sowie 2 bis 3 Esslöffel lösliches Kaffeepulver einrühren und die Sahne steif schlagen. Die Mokkasahne mit einem Spritzbeutel mit Sterntülle in attraktive, hochstielige Dessertgläser spritzen. Mit etwas Zimt- oder Kaffeepulver bestäuben.

Pudding war ursprünglich eine warme Süßspeise, die Flammeri hieß und im Wasserbad gegart wurde (siehe Flammeri Seite 30). Seitdem eine namhafte Firma das Puddingpulver auf den Markt bringt, heißt die stürzbare Süßspeise Pudding. Die einfachste Form eines selbstgemachten Puddings besteht aus Milch, Fruchtsaft oder Wein, Zucker und Speisestärke oder Grieß. Dafür einen halben Liter Flüssigkeit mit 3 bis 4 Esslöffel Zucker aufkochen. 40 Gramm Speisestärke mit etwas kalter Flüssigkeit und einem Eigelb verrühren, in die heiße Flüssigkeit gießen und einmal aufkochen. Die Speisestärke verhindert das Gerinnen des Eis. Das Eiweiß zu Schnee schlagen und sofort unter den heißen Pudding heben. Für den Geschmack sorgen etwa Vanille oder Kakao. Soll der Pudding ge-

stürzt werden, gießt man ihn in eine kalt ausgespülte große Form oder mehrere kleine Förmchen. Für einen Grießpudding braucht man pro 100 Milliliter Flüssigkeit 1 knapp gehäuften Esslöffel Grieß und 1 Teelöffel Zucker. Will man einen großen Pudding auf eine Platte stürzen, so empfiehlt es sich, diese mit kaltem Wasser abzuspülen. Dann kann der Pudding leichter in die Mitte geschoben werden.

Schlagsahne sollte über 30 Prozent Fett enthalten, damit sie schön steif wird. Sahne und das Gefäß, in dem sie geschlagen wird, sollten Kühlschrank kalt sein. Sahne zunächst langsam anschlagen, dann den Zucker zugeben und kräftig weiter schlagen, bis die Sahne fest ist. Zu lang geschlagene Sahne kann gerinnen. Gesüßt wird mit Zucker, Vanillezucker, gesiebtem Puderzucker oder flüssigem Honig, zum Bei-

Marzipan ist eine ideale Modelliermasse, die sich einfach mit Lebensmittelfarbe färben lässt.

Das Märchen der berühmten Brüder Grimm über den süßen Brei erzählt die Geschichte eines armen Mädchens, das eines Tages im Wald von einer alten Frau ein Töpfchen geschenkt bekam. »Wenn du sagst: „Töpfchen koche!", dann kocht es dir und deiner Mutter köstlich süßen Hirsebrei. Wenn du aber sagst „Töpfchen steh!", dann hört es augenblicklich auf zu kochen.« Und so geschah es. Mutter und Tochter ließen sich jeden Tag von dem Töpfchen süßen Hirsebrei kochen und mussten nicht mehr hungern.

spiel Akazienhonig. Geschlagene Sahne sollte möglichst umgehend verwendet werden. Sie hält länger, wenn sie mit Sahnesteif (Fertigprodukt) geschlagen wird.

Schokolade schmelzen kann man entweder in einem Schneekessel oder einem kleinen Topf im siedenden Wasserbad oder bei schwacher Hitze in einem Topf auf dem Herd.

Schokoladensauce ist vielseitig verwendbar. Für eine zartbittere Variante 100 Gramm bittere Schokolade (Herrenschokolade) grob hacken und in 50 Milliliter Milch und 50 Milliliter Sahne unter Rühren auflösen. Mit 2 Esslöffel Zucker oder Honig süßen. Sie schmeckt heiß oder lauwarm und kann mit etwas flüssiger oder geschlagener süßer Sahne verfeinert werden. Nach Geschmack die Sauce mit Cognac, Whisky, Mandel- oder Orangenlikör aromatisieren.

Soufflé ist ein besonders luftiges Dessert, das aus Eiern und Zucker besteht. Dazu braucht man zunächst eine gradwandige hohe, feuerfeste Form. Diese mit weicher Butter einfetten und mit Zucker ausstreuen. Eigelb und Zucker in einem Schneekessel, einer Form mit rundem Boden, im heißen Wasserbad cremig schlagen. Den Schneekessel in eine Schüssel mit Eiswasser (aus Eiswürfeln) stellen und so lange weiterschlagen, bis die Creme dicklich geworden ist. Die Masse nach Geschmack mit Saft oder Likör und Gewürzen verfeinern. Nun die Eiweiße sehr steif schlagen und nach und nach unter die Masse heben. Die schaumige Masse so in die Form füllen, dass ein breiter Rand frei bleibt. Das Soufflé im vorgeheizten Backofen bei 220 °C (Umluft 200 °C, Gas Stufe 4-5) 2 Minuten backen, dann die Hitze auf 200 °C reduzieren und das Soufflé in 20 bis 25 Minuten fertig backen. Nach Geschmack mit etwas gesiebtem Puderzucker bestäuben und sofort heiß servieren, weil das Soufflé schnell zusammenfällt.

Streifen von Zitrusschalen Unbehandelte Früchte unter heißem Wasser abspülen und trockenreiben. Die Schale mit einem Zestenreißer abziehen oder mit einem scharfen Messer abschälen, wobei stets die weiße, bittere Haut an der Frucht bleibt. Die Schale in schmale Streifen schneiden und in wenig Wasser mit etwas Zucker in etwa 5 Minuten weich kochen. Zitrusstreifen eignen sich zum Garnieren und zum Würzen.

Vanillesauce schmeckt selbst gemacht am besten. Dazu eine Vanilleschote längs halbieren und das Mark mit einem Messerrücken herausschaben. Mark und Schote mit 250 Milliliter Milch und 250 Milliliter süßer Sahne zum Kochen bringen. 1 leicht gehäuften Esslöffel Vanillepuddingpulver in etwas kaltem Wasser anrühren, in die kochende Milch gießen und einmal aufkochen lassen. Sofort 2 Eigelbe, 3 Esslöffel Zucker und 1 Prise Salz zugeben. Die Sauce abkühlen lassen und zwischendurch öfter umrühren, damit sich keine Haut bildet. Dann die Vanilleschote entfernen. Die Sauce lässt sich mit etwas Safran- oder Kurkumapulver appetitlich gelb färben. Nach Belieben kann man die abgekühlte Sauce mit 1 bis 2 Esslöffel geschlagener Sahne und/oder etwas Orangen-, Mandel- oder Aprikosenlikör verfeinern.

Wasserbad ist ein wichtiges Hilfsmittel für die Herstellung von luftigen Desserts. In ihm werden Eigelb und Zucker schaumig gerührt. Dazu einen Schneekessel, eine Schüssel mit abgerundetem Boden, in einen etwas größeren Topf mit siedendem, nicht mehr kochendem Wasser hängen. Statt des Schneekessels kann man auch einen kleineren Topf oder eine Rührschüssel verwenden. Die Masse immer rühren, damit das Ei nicht gerinnt und die Masse schaumig wird. Anschließend den Schneekessel oder den Topf in eine Schüssel mit kaltem Wasser und Eiswürfeln stellen und die Masse gelegentlich umrühren, damit sie rasch abkühlt.

Zitrusfilets Um die einzelnen Fruchtsegmente zu gewinnen benötigt man ein scharfes Messer. Zum Filetieren Orangen, Grapefruits und Zitronen zunächst sorgfältig schälen. Dann zwischen die Trennwände schneiden und so die Filets aus den Häuten lösen. Die Rückstände ausdrücken.

Es ist angerichtet!

Der Deutschen größter Dichter, Johann Wolfgang von Goethe, war eine richtige Naschkatze. Er liebte Offenbacher Pfeffernüsse, Bonbons, Karlsbader Oblaten, Schokoladentafeln und besonders Trinkschokolade, die er aus edlen Schokoladenbechern trank.

Selbst ein einfacher Pudding oder eine Schale mit Obstsalat hat einen großen Auftritt, wenn das Dessert mit Liebe und Fantasie dekoriert und garniert wird.

Schalen sind ideal für fruchtige und cremige Desserts. Dazu gehören passende Teller oder Schälchen.

Gläser Feine Desserts können Sie in hohen Dessertgläsern, Sektschalen und anderen breiten Trinkgefäßen anrichten. Diese lassen sich mit zarten Blätter- oder Blütengirlanden, die an die Glasstiele mit dünnem Draht befestigt werden, oder mit farblich auf das Dessert abgestimmten Bändern und Schleifen verzieren. Für eine Weincreme eignen sich Weingläser.

Große Teller sind ideal für spektakuläre Auftritte. Bestreuen Sie dafür schlichte flache Teller in der Mitte mit Blütenblättern, Blumen, Pfefferminz- oder Zitronenmelisseblättern, Sternanis, Zitrusschalen, Apfelchips oder Nüssen. Darüber legen Sie tellergroße dünne Glasplatten und stellen Dessertschalen darauf. Die runden Glasplatten können Sie beim Glaser bestellen.

Formen Sturzfeste Desserts wie Pudding, Gelee, Fruchtzubereitungen, Sahne- und Joghurtdesserts mit Gelatine oder Agar-Agar sehen besonders ansprechend aus, wenn sie in kleinen oder großen Formen fest werden. Dafür geeignet sind auch kleine Puddingförmchen, die es in großer Auswahl in Haushaltswarengeschäften gibt, aber auch Kuchenformen für Napfkuchen oder die berühmte Rehrückenform. Im Fachhandel erhältlich sind auch spezielle halbrunde und dreieckige Formen für Desserts und Pasteten. Die großen Formen sollten Sie vorher mit Öl einfetten und mit Frischhaltefolie auskleiden, dann lässt sich das Dessert später leichter stürzen. Die Gefäße können aber auch kurz in warmes Wasser getaucht werden, bevor Sie das Dessert stürzen.

Tassen Originell ist es, wenn Sie eine Mokkacreme oder ein Espressodessert in schönen Espressotassen anrichten.

Ausgehöhlte Früchte Fruchtige Desserts können in ausgehöhlten Früchten wie Ananas, Papayas, Orangen, Zitronen und Grapefruits, Äpfeln und Birnen angerichtet werden.

Gespritzte Muster Cremes können Sie in einen Spritzbeutel mit Sterntülle füllen und direkt in

hübsche Glasschalen spritzen. Sie sollten dann aber bald aufgetragen werden.

Verschlungene Linien Aus der gehobenen Gastronomie stammen die dekorativen Muster, die entstehen, wenn zwei farblich verschiedene Saucen, etwa Vanille- und Schokoladensauce, nebeneinander als Spiegel auf Teller gegeben werden und ein Holzspießchen von einer Seite zur anderen gezogen wird.

Knusprige Gitter aus Karamell oder Schokolade verlangen etwas Übung. Dazu wird Zucker zu einem hellem Karamell geschmolzen und leicht abgekühlt in Tüten aus doppellagigem Butterbrotpapier gefüllt, wobei die Spitze knapp abgeschnitten wird. Dann fährt man auf leicht eingefetteter Alufolie oder auf einer Marmorplatte in geraden oder geschwungenen Linien hin und her, um Gitter entstehen zu lassen. Auf die gleiche Art und Weise können eckige und runde Gitterverzierungen mit verflüssigter Kuvertüre hergestellt werden. Sobald die Dekoration fest geworden ist, kann sie verwendet werden, allerdingst möglichst erst kurz vor dem Servieren.

Tellerrand dekorieren Bestreuen Sie ihn mit Puderzucker, Kakao, Zimt oder Kokosflocken.

Angefrorenes Obst Bestäuben Sie angefrorene Trauben und Beeren kurz vor dem Anrichten mit Puderzucker und legen Sie sie auf den Tellerrand.

Knusprige Scheiben Hobeln Sie hauchdünne Scheiben mit Schale und Kerngehäuse aus der Mitte von Äpfel und Birnen und überziehen Sie diese beidseitig dünn mit Karamell. Damit lassen sich zahlreiche Desserts garnieren.

Pfefferminzblätter können Sie mit angeschlagenem Eiweiß oder *Gummi arabicum* (aus der Apotheke) betreichen und mit Raffinade (kein Puderzucker) bestreuen. Anschließend müssen die süßen Blätter auf einem Kuchengitter oder zusammengeknüllter Alufolie 2 bis 3 Tage

Große Teller, schlicht und einfarbig oder mit hübschen Mustern verziert, sind eine gute Wahl für Cremespeisen und Obst.

Mit relativ großem Aufwand lassen sich Früchte auch zu Hause kandieren. Aber im Fachhandel gibt es hervorragende weiche und saftige Früchte zum pur Essen und für feine Desserts. Die kandierten Früchte sollten nicht zu hart sein, dann sind sie oft zu lange gelagert.

trocken. Dies ist ein knuspriger und erfrischender Knabberspaß.

Frische, essbare Blüten zum Beispiel von Rosen, Lavendel und Pfefferminz können Sie zum Dekorieren verwenden, sofern sie aus dem eigenen Garten stammen und ungespritzt sind.

Kandierte Blüten In Feinkostgeschäften gibt es rosarote kandierte Rosenblätter und leuchtendblaue kandierte Veilchen. Dieses zuckersüße Naschwerk wird ganz oder fein gehackt zum Dekorieren verwendet.

Gekaufte Dekoartikel Bei den Backzutaten im Supermarkt finden Sie eine große Auswahl an kunterbunten essbaren Dekorationen. Sie bestehen aus Schokolade, Zucker oder Marzipan.

Gold Halten Sie Ausschau in guten Feinkostgeschäften nach kleinen Tütchen mit Blattgold, und zwar sowohl nach kleinen Figuren als auch nach Blattgoldflitter. Dieses Gold ist essbar und sieht besonders schön auf Schokodesserts aus. Essbares Blattgold (mindestens 21 Karat) finden Sie auch in Geschäften für den Künstlerbedarf.

Früchte Äpfel, Birnen, Kiwis, Pfirsiche, Mangos, Papayas oder Karambole können in hauchdünne Scheiben geschnitten werden. Damit sie sich nicht verfärben, werden sie mit etwas Zitronensaft bestrichen.

Sahnetupfen sind die einfachste Dekoration, solo oder garniert mit kandierten oder klein geschnittenen Früchten.

Fruchtsaucen sind ideal zum Verzieren von Cremespeisen. Pürieren Sie dafür farbige Früchte wie Johannisbeeren, Erdbeeren, Himbeeren, Brombeeren, Heidelbeeren, Mangos oder Kiwis mit etwas Zucker und streichen Sie das Püree noch durch ein feines Sieb.

Gelee bietet sich an für raffinierte Dekorationen. Dafür können Sie beliebige Götterspeise aus der Packung verwenden, wobei 400 Milliliter Wasser ausreichen. Oder Sie bereiten ein beliebiges Frucht- oder Weingelee aus 400 Milliliter gesüßtem Saft oder Wein mit 6 Blatt Gelatine zu (siehe Seite 28 und 31). Gelatine gibt es farblos und rot. Mit Speisefarben, die ungiftig sind, lässt sich jede Gelatinezubereitung beliebig färben.

Gesponnener Zucker Eine außerordentlich festliche Dekoration erreicht man mit gesponnenen Zuckerfäden. Dazu Zucker mit Wasser im Verhältnis 2:1 so lange erhitzen, bis er hellbraun

ist und Fäden zieht. Den Zuckersirup vom Herd nehmen und in eine Schüssel mit Eiswasser stellen, damit der Garprozess unterbrochen wird. Mit einer Gabel durch den heißen Zuckersirup fahren, wippend durch die Luft ziehen und die gesponnenen Zuckerfäden auf Alufolie oder dekorativ übers Dessert legen. Schnell servieren, denn die Zuckerfäden ziehen Wasser und schmelzen. Diese feinen Zuckerfäden können zusätzlich mit etwas Goldflitter oder kleinen kandierten Veilchen oder Rosenblättern bestreut werden. Karamell wird im Topf und an Löffeln und Gabeln fest, lässt sich aber leicht lösen, wenn man etwas Wasser in dem Topf zum Kochen bringt und die Geräte dazulegt.

Sonstiges Auch mit Zitronenschalen- und Orangenschalenstreifen, Schokospänen, Kakao- und Zimtpulver, Puderzucker, flüssiger Schokolade, zerkleinertem Krokant, ganzen und gehackten Nüssen, allen voran gerösteten Mandeln und gehackten oder ganzen ungesalzenen Pistazienkernen lässt es sich vortrefflich garnieren.

Frisches Obst sieht besonders appetitlich aus, wenn es in ausgehöhlten Früchten wie beispielsweise Melonen angerichtet wird.

Fruchtig-leichte Dessertideen

Erdbeertraum

Für die Baiserförmchen:
3 gekühlte Eiweiße
1 Prise Salz
1 TL Zitronensaft
125 g Zucker
etwas rote Speisefarbe
75 g Puderzucker
3 TL Speisestärke
weiche Butter zum Einfetten
Puderzucker und Kakaopulver zum Bestäuben

Für die Erdbeersahne:
500 g Erdbeeren
5 EL Zucker
2 EL Erdbeerlikör
350 ml süße Sahne
1 Päckchen Vanillezucker

Für die Garnitur:
4 Physalis (Kapstachelbeeren)
2 EL ungesalzene Pistazien
1 Stängel Pfefferminze

Tipp:
Sie können auf ein mit Backpapier ausgelegtes Backblech auch runde oder ovale Baiserböden und entsprechende Ringe spritzen und mit halbflüssiger weißer Schokolade oder Kuvertüre zu Schalen zusammenkleben. Sie können aber auch beim Bäcker große Baisers fertig kaufen und auf der Unterseite aushöhlen.

Für die Baiserförmchen das Eiweiß mit 1 Prise Salz halb steif schlagen. Den Zitronensaft und esslöffelweise den Zucker zugeben und weiter schlagen bis sich der Zucker aufgelöst hat. Den Eischnee mit etwas roter Speisefarbe rosa färben. Den Puderzucker sieben, mit der Speisestärke mischen und langsam unter den Eischnee ziehen. Der Eischnee muss jetzt matt glänzen und lange Spitzen bilden.
Den Backofen auf 100 °C (Gas Stufe 1, Umluft 80 °C) vorheizen. Ein halbrundes Dessertschälchen auf den Kopf stellen und mit mehrlagiger Alufolie glatt belegen. Die Aluform entfernen und außen mit weicher Butter einfetten. Auf die gleiche Weise noch 3 weitere Aluformen herstellen und einfetten. Ein Backblech mit Backpapier belegen und die Aluformen, Öffnung nach unten, darauf setzen.
Um die Baiserkörbchen zu formen, den Eischnee in einen Spritzbeutel mit glatter Tülle füllen. Von unten beginnend jede Aluform schneckenförmig mit Eischnee bespritzen. Den Boden oben mit einer Palette glatt streichen, damit die gefüllten Baiserförmchen später gut stehen können. Im heißen Backofen auf der mittleren Schiene ungefähr 2 Stunden trocknen lassen; dabei bleibt die Backofentür einen kleinen Spalt offen. Die Baisers im ausgeschalteten Backofen bei geöffneter Tür so lange stehen lassen, bis sie gut durchgetrocknet sind.

Für die Erdbeersahne die Erdbeeren putzen, waschen und bis auf 4 schöne Früchte klein würfeln. Die Erdbeerwürfel mit dem Zucker und dem Likör mischen. Die Sahne kurz vor dem Anrichten mit dem Vanillezucker steif schlagen und mit etwa zwei Drittel der Erdbeeren mischen.

Für die Garnitur die papierne Hülle der Physalis nach hinten streichen und die Beeren waschen. Die Pistazien fein hacken. Je ein Baiserförmchen auf einen Dessertteller stellen, mit etwas gesiebtem Puderzucker und Kakaopulver bestäuben. Die Erdbeersahne einfüllen. Die restlichen Erdbeeren darüber verteilen, mit gehackten Pistazien bestreuen und die Physalis dazulegen. Mit den restlichen Erdbeeren und Minzeblättern garnieren.

Johannisbeerschaum mit Vanillesahne

Für den Johannisbeerschaum:
6 Blatt rote Gelatine
4 Eier
75 g Zucker
125 ml schwarzer Johannisbeersaft
1 Prise Salz

Für die Vanillesahne:
250 ml Milch
250 ml süße Sahne
1 Vanilleschote
1 Päckchen Vanillezucker
2 Messerspitzen Safranpulver
4 EL Zucker
4 Eigelbe

Für die Garnitur:
350 g gemischte Johannisbeeren (rot, schwarz, weiß) in Rispen
etwas Puderzucker zum Bestäuben

Tipp:
Für dieses Dessert brauchen Sie einen kräftig schmeckenden Saft, keinen Fruchtsaftnektar. Es muss auch kein Johannisbeersaft sein. Sehr lecker schmeckt diese luftig-leichte Süßspeise auch mit Preiselbeersaft und eingekochten Preiselbeeren in der Sauce. Gehaltvolle Säfte gibt es in Reformhäusern und Naturkostläden.

Für den Johannisbeerschaum die Gelatine in kaltem Wasser einweichen. Die Eier trennen. Das Eiweiß kühl stellen. Die Eigelbe mit gut der Hälfte des Zuckers in einen Schneekessel geben und im siedenden, nicht kochenden Wasserbad schaumig rühren. Den Schneekessel in eine Schüssel mit eiskaltem Wasser setzen, die Masse kalt schlagen und den Johannisbeersaft bis auf 3 Esslöffel einrühren. Die Gelatine gut ausdrücken, mit dem abgenommenen Saft bei milder Hitze auflösen und schnell mit dem Eierschaum verrühren. Die Masse 15 Minuten kühl stellen. Das Eiweiß mit etwas Salz halb steif schlagen, den restlichen Zucker unter Rühren einrieseln lassen und ganz steif schlagen. Den Eischnee unter die gekühlte Masse ziehen. Den Schaum im Kühlschrank in 3 bis 4 Stunden fest werden lassen.

Für die Vanillesahne die Milch mit der Sahne zum Kochen bringen. Die Vanilleschote aufschneiden und das Mark herausschaben. Vanilleschote, Vanillemark, Vanillezucker und Safranpulver zur Milch-Sahne-Mischung geben. Vom Herd nehmen und 10 Minuten ziehen lassen. Den Zucker mit den Eigelben schaumig rühren. Die Vanilleschote entfernen und die Milch-Sahne-Mischung wieder zum Kochen bringen. Langsam zu der Eigelbmasse gießen und dabei weiter rühren. Falls die Sauce noch nicht abgebunden ist, die Mischung langsam erwärmen und dabei rühren. Die Vanillesahne zum Abkühlen beiseite stellen.

Für die Garnitur die Johannisbeeren an den Stielen belassen, waschen und leicht abtropfen lassen. Kurz vor dem Servieren mit gesiebtem Puderzucker bestäuben. Auf Dessertteller einen Saucenspiegel gießen. Mit einem Esslöffel von dem gestockten Johannisbeerschaum Nocken abstechen und in die Vanillesahne setzen. Mit den Johannisbeerrispen garnieren.

Exotischer Obstsalat mit Kokostörtchen

Für 4 bis 6 Portionen

Für die Kokostörtchen:
65 g Kokosflocken
4 Eier
5 EL Zucker
1 Päckchen Vanillezucker
etwas geriebene Zitronenschale
65 g gemahlene Mandeln
1 Prise Salz
75 g Mehl
1 Messerspitze Backpulver
Butter für die Förmchen
1 kleines Eigelb

Für den Obstsalat:
1 Mango
1 Papaya
1 Babyananas
1 Orange
1 Grapefruit
1 Karambole (Sternfrucht)
2 Kiwis
100 g Physalis (Kapstachelbeeren)
100 g frische Datteln

Für die Maracujasauce:
4 Maracujas
1 Limette
2 EL Orangenblütenhonig

Für die Törtchen von den Kokosflocken gut 2 Esslöffel beiseite legen, den Rest in einer fettfreien Pfanne leicht rösten und abkühlen lassen. Die Eier trennen. Das Eiweiß kühl stellen. Die Eigelbe mit Zucker und Vanillezucker schaumig rühren. Die Zitronenschale und die Mandeln zugeben. Das Eiweiß mit etwas Salz steif schlagen. Die abgekühlten Kokosflocken mit der Eigelbmasse mischen. Die Hälfte des Eischnees unterziehen. Das Mehl mit dem Backpulver darüber sieben und unterrühren. Den restlichen Eischnee unterheben.
Den Backofen auf 200 °C (Gas Stufe 3-4, Umluft 180 °C) vorheizen. 4 bis 6 kleine Kuchenförmchen mit Butter einfetten und den Teig einfüllen. Das Eigelb verrühren, die Kuchenoberfläche damit bestreichen und mit den zurückgelegten Kokosflocken bestreuen. Die Kuchen im Backofen auf der mittleren Schiene 20 bis 25 Minuten backen.

Für den Obstsalat Mango, Papaya und Ananas schälen. Das Fruchtfleisch der Mango vom Stein schneiden. Die Papaya halbieren und die Kerne entfernen. Orange und Grapefruit wie Äpfel schälen. Mit einem Messer zwischen die Trennhäute schneiden und so die Filets lösen. Fruchtrückstände über einem Schälchen ausdrücken, um den Saft aufzufangen. Dunkle Ränder der Karambole abschneiden. Kiwis schälen, Physalis entblättern und waschen. Datteln entkernen. Alle Früchte in Stücke schneiden.

Für die Sauce die Maracujafrüchte halbieren, das Fruchtfleisch herauslösen und zum aufgefangenen Zitrussaft geben. Die Limette heiß waschen, trockenreiben und die Schale in dünnen Streifen abziehen, die Frucht auspressen. Den Saft mit den Schalenstreifen und dem Honig zur Maracujamischung geben und verrühren.

Zum Servieren die Sauce über die zerkleinerten Früchte gießen. Den Obstsalat mit den lauwarmen Törtchen auf Desserttellern anrichten.

So einen vitaminreichen Obstsalat können Sie auch in einer großen, ausgehöhlten Ananas oder in Melonenhälften anrichten.

Orangenschaum mit Kumquats

Für den Orangenschaum:
3 Eier
2 Eiweiße
125 g Zucker
5 Blatt weiße Gelatine
3 unbehandelte Orangen
2 EL Zitronensaft
6 EL Orangenlikör (z. B. Cointreau)
Salz
4 EL Puderzucker
125 ml süße Sahne

Für das Kumquatkompott:
200 g Kumquats (Zwergorangen)
75 g Puderzucker
2 EL brauner Rum
2 EL Butter

Für die Garnitur:
4 Stück Borkenschokolade

Tipp:
Sie können diesen fruchtigen Schaum auch in ausgehöhlte Orangen oder Grapefruits füllen und im Kühlschrank fest werden lassen. Dafür braucht es dann keine weitere Garnierung.

Für den Orangenschaum die Eier trennen. Das Eiweiß in einem hohen Gefäß kühl stellen. Die Eigelbe mit dem Zucker in einen Schneekessel geben und im Wasserbad schaumig rühren. Den Schneekessel in eine Schüssel mit eiskaltem Wasser stellen und die Creme kalt schlagen. Die Gelatine in kaltem Wasser einweichen. 2 Orangen heiß waschen, trockenreiben, die Schale abziehen und in dünne Streifen schneiden, die Früchte auspressen. Die restliche Orange wie einen Apfel schälen. Mit einem scharfen Messer zwischen die Trennhäute schneiden und so die Filets auslösen. Den Fruchtrückstand zum Orangensaft drücken und mit dem Zitronensaft mischen. Die Schalenstreifen in wenig Wasser 2 Minuten kochen, abgießen und abtropfen lassen. 2 Blatt Gelatine gut ausdrücken und in 3 Esslöffel Wasser und 2 Esslöffel Orangenlikör bei milder Hitze auflösen, 2 Esslöffel Likör sowie 2 Esslöffel Orangensaft schnell einrühren. Die Gelatineflüssigkeit auf den Boden von 4 Förmchen gießen. Jeweils ein paar Orangenfilets in einem schönen Muster mit wenigen Schalenstreifen darauf legen und den Gelatinespiegel im Kühlschrank fest werden lassen. Die restliche Gelatine gut ausdrücken und im restlichen Likör auflösen. Mit dem restlichen Orangen-Zitronen-Saft und dem Eierschaum mischen. Das Eiweiß mit etwas Salz halb steif schlagen, den gesiebten Puderzucker unter Rühren einrieseln lassen und ganz steif schlagen. Die Sahne steif schlagen. Erst den Eischnee, dann die Sahne unter die Orangencreme heben. Die Creme auf die Förmchen verteilen und im Kühlschrank in 3 bis 4 Stunden fest werden lassen.

Für das Kompott die Kumquats waschen, trockenreiben, längs vierteln und die Kerne herauslösen. Den Puderzucker zu hellem Karamell schmelzen. Die Kumquats zufügen und kurz erhitzen. Den Rum einrühren und so lange erhitzen, bis sich der Karamell wieder gelöst hat. Die Butter einrühren und abkühlen lassen.

Zum Servieren jeweils etwas Kumquatkompott auf Dessertteller verteilen. Den Orangenschaum aus den Förmchen lösen und auf die Teller stürzen. Mit den restlichen Schalenstreifen und zerkleinerter Borkenschokolade garnieren.

Beeren in Champagnergelee

Für das Champagnergelee:
200 g rote Johannisbeeren
200 g schwarze Johannisbeeren
200 g Erdbeeren
100 g Himbeeren
100 g Brombeeren oder Heidelbeeren
3 Blatt rote Gelatine
300 ml trockener Champagner oder Sekt
125 g Zucker
2 EL Zitronensaft

Für die Sauce:
200 ml süße Sahne
1 Vanilleschote
1 Päckchen Vanillezucker
etwas geriebene Zitronenschale
3 Eigelbe
50 g Zucker
8 Pfefferminzeblätter

Für das Gelee 100 Gramm rote und 150 Gramm schwarze Johannisbeeren putzen, waschen und abtropfen lassen. Mit 2 Esslöffel Wasser erhitzen und durch ein feines Sieb passieren. Die Flüssigkeit abmessen, es werden 200 Milliliter gebraucht. Alle anderen Beeren putzen, waschen und abtropfen lassen.
Die Gelatine in kaltem Wasser einweichen. Den abgemessenen Fruchtsaft erwärmen. Die Gelatine gut ausdrücken und in dem Saft auflösen. Champagner oder Sekt, Zucker und Zitronensaft einrühren. Die Flüssigkeit für 2 bis 3 Stunden kühl stellen.

Für die Sauce die Sahne zum Kochen bringen. Die Vanilleschote aufschlitzen und das Mark herausschaben. Schote, Mark, Vanillezucker und Zitronenschale in der heißen Sahne 15 Minuten ziehen lassen.
Die Eigelbe mit dem Zucker schaumig rühren. Die aromatisierte Sahne durch ein feines Sieb gießen und wieder zum Kochen bringen. Die heiße Sahne langsam nach und nach unter die Eigelbmasse mischen. Die Eigelb-Sahne-Mischung unter Rühren langsam erwärmen bis sie cremig ist. Sofort in eine kühle Schüssel umfüllen, damit das Ei nicht gerinnt. Die Minzeblätter in schmale Streifen schneiden und einrühren. Die Sauce während des Abkühlens öfter umrühren.

Zum Servieren die Beeren in weiten Dessertschalen oder in einer großen Schale anrichten. Das Gelee mit einer Gabel grob verrühren und über die Beeren geben. Etwas Sauce angießen und den Rest getrennt dazu reichen.

Gelee – glasklar und glibberig. Gelee besteht aus einer Flüssigkeit, die durch Gelatine oder Agar-Agar Stand erhält. Je mehr Geliermittel verwendet wird, desto standfester, beziehungsweise sturzfähiger ist das Gelee. Das Gelee schmeckt umso köstlicher, je aromatischer die Flüssigkeit ist. Geeignet sind neben Wasser alle kräftigen Fruchtsäfte, Wein, Sekt und Mischungen davon. Eingeweichte Gelatine – rote sorgt für eine besonders appetitliche Farbe – wird in warmer bis heißer, aber nicht kochender Flüssigkeit durch Rühren mit einem Holzlöffel aufgelöst. Agar-Agar wird in der Flüssigkeit 2 Minuten gekocht.

Grappagelee mit Haselnussstangen

Für das Grappagelee:
9 Blatt weiße Gelatine
250 ml Grappa di Moscato
500 ml Gewürztraminer
125 g Zucker
2 EL Zitronensaft
300 g helle Muskattrauben
250 g blaue Weintrauben

Für die Haselnussstangen:
50 g Puderzucker
50 g gehackte Haselnusskerne
1 EL Butter
250 g Mehl
1 Päckchen Trockenhefe
100 ml Gewürztraminer
2 EL Haselnussöl
4 EL große Rosinen
etwa geriebene Orangenschale
1 Eigelb
Puderzucker zum Bestäuben

Für das Gelee die Gelatine 10 Minuten in kaltem Wasser einweichen. Den Grappa mit dem Gewürztraminer, dem Zucker und dem Zitronensaft erhitzen. Die Gelatine gut ausdrücken, in der warmen Flüssigkeit unter Rühren auflösen und kühl stellen. Die Trauben putzen, waschen, abtropfen lassen, halbieren, entkernen und häuten. Bevor die Flüssigkeit zu gelieren beginnt, die Trauben einrühren. Die Mischung in ein großes Gefäß oder 4 kleine Schälchen oder Gläser füllen und im Kühlschrank in 4 bis 6 Stunden fest werden lassen.

Für das Gebäck zunächst den Nusskrokant herstellen. Dafür den Puderzucker zu hellem Karamell schmelzen. Die Haselnüsse und die Butter unter den Karamell rühren und die Mischung auf einem Teller abkühlen lassen. Das Mehl in eine Schüssel sieben und mit der Hefe mischen. Den Wein auf etwa 34 °C erwärmen, mit dem Öl zum Mehl geben und alles verrühren. Abgedeckt 10 Minuten beiseite stellen. Den Nusskrokant grob mahlen oder im Blitzhacker zerkleinern. Die Rosinen mittelfein hacken. Den Nusskrokant, die Rosinen und die Orangenschale unter den Teig mischen. Ein Backblech mit Backpapier auslegen. Aus dem Teig 24 fingerdicke Rollen formen und auf dem Backblech abgedeckt 30 Minuten ruhen lassen. Den Backofen auf 180 °C (Gas Stufe 2-3, Umluft 160 °C) vorheizen. Die Stangen mit Eigelb bestreichen und mit etwas Puderzucker bestäuben. Die Haselnussstangen auf der mittleren Schiene 20 bis 25 Minuten backen.

Zum Servieren das Gelee auf eine Platte oder auf Dessertteller stürzen und mit den Haselnussstangen anrichten.

Die sparsamen Weinbergbesitzer in Italien überließen einst ihren Arbeitern nach dem Pressen der Trauben den Rest, den so genannten Trester. Die Arbeiter mischten ihn mit Wasser und erhielten ein süßliches Getränk für alle Tage. Die ganz Schlauen unter ihnen brannten heimlich den „Abfall“. Nicht weil es verboten war, sondern weil sie befürchteten, die hohen Herren könnten erfahren, dass sich aus dem Trester ein überaus köstliches Getränk herstellen lässt, der Grappa.

GRAPPA
DI
MOSCATO

Obstspiesse und Schneefrüchte

OBSTSPIESSE MIT INGWERSCHAUM

4 große Erdbeeren
1 Babyananas
1 Kiwi
1 Mango
2 Apfelbananen
4 EL Orangenlikör (z. B. Cointreau)

3 Eier
75 g Zucker
75 g gemahlene Walnüsse
2 Blatt rote Gelatine
250 ml halbtrockener Weißwein
4 EL Limettenlikör
etwas geriebene Limettenschale
3 kandierte Ingwerstücke in Sirup
Salz
4 EL Kokosflocken

SCHNEEFRÜCHTE

1 kg gemischte Früchte und Beeren
80 g Walnusskerne
25 g ungesalzene Pistazien
500 g Zucker

Tipp:
Für die Schneefrüchte eignen sich Erdbeeren, Johannisbeeren, Brombeeren, Pfirsiche, Papaya, Kiwis, Kirschen, Pflaumen oder auch Aprikosen.

OBSTSPIESSE MIT INGWERSCHAUM

Für die Spieße die Erdbeeren putzen, waschen und trockentupfen. Ananas und Kiwi schälen und jeweils in 4 Scheiben schneiden. Das Fruchtfleisch der Mango in 4 Spalten vom Stein schneiden und schälen. Die Bananen schälen und quer halbieren. Die Früchte in eine Schale legen, mit dem Likör beträufeln und abgedeckt im Kühlschrank 30 bis 60 Minuten durchziehen lassen.
Für die Sauce die Eier trennen. Das Eiweiß kühl stellen. Die Eigelbe mit dem Zucker in einen Schneekessel geben und im Wasserbad schaumig schlagen. Den Schneekessel in eine Schüssel mit eiskaltem Wasser stellen und die Creme kalt schlagen. Die Walnüsse unterrühren.
Die Gelatine 10 Minuten in kaltem Wasser einweichen. Den Wein erhitzen, aber nicht zum Kochen bringen. Die Gelatine ausdrücken und in dem Wein durch Rühren auflösen. Den Likör und die Limettenschale in den Wein einrühren. Die Ingwerstücke sehr fein hacken und mit 2 Esslöffel Sirup zum gelierenden Wein geben. Diese Zubereitung 1 Stunde kühl stellen, dann mit der Eigelb-Walnuss-Masse mischen. Das Eiweiß mit etwas Salz steif schlagen und unterheben. Die Kokosflocken in einer fettfreien Pfanne leicht rösten. Zum Servieren die Spieße auf Desserttellern anrichten. Mit etwas Ingwerschaum begießen und mit Kokosflocken bestreuen.

SCHNEEFRÜCHTE

Die Früchte waschen, bei Bedarf schälen und in mundgerechte Stücke schneiden. Die Walnüsse mit den Pistazien mischen.
In einem Topf 200 Gramm Zucker mit 100 Milliliter Wasser 5 Minuten sprudelnd kochen lassen. Den restlichen Zucker auf einen Teller geben. Die Früchte einzeln aufspießen, kurz in das Zuckerwasser tauchen und sofort in dem restlichen Zucker wälzen. Zum Schluss die Nusskerne mit dem flüssigen Zucker mischen und ausgebreitet auf einem Teller trocknen lassen, dann zerkleinern.
Die Schneefrüchte in einer Schale abgedeckt in den Kühlschrank stellen. Die Nüsse vor den Anrichten darüber streuen.

Apfelträume

GEFÜLLTE CIDREÄPFEL

5 große Äpfel
750 ml Cidre
200 g Zucker
1 Vanilleschote
1 Zimtstange
175 g Sago

125 g Crème double
4 EL Apfelschnaps (z. B. Calvados)
2 EL Honig
Puderzucker zum Bestäuben

Tipp:
Die ausgehöhlten Äpfel können vor dem Füllen im Backofen, in der Mikrowelle oder in wenig Wasser einige Minuten gegart werden.

APFELAUFLAUF

3 Äpfel
125 ml weißer Portwein oder Apfelsaft
125 g Rumrosinen (Fertigprodukt)
2 Rosinenbrötchen
75 g weiche Butter
200 ml süße Sahne
200 ml Milch
1 Päckchen Vanillezucker
4 Eigelbe
65 g weißer Zucker
2 EL Mandelblättchen
60 g brauner Zucker

GEFÜLLTE CIDREÄPFEL

Die Äpfel waschen. Von 4 Äpfeln einen Deckel abschneiden und die Früchte vorsichtig so aushöhlen, dass ein kleiner Rand und ein Boden stehen bleibt.
Für die Füllung den restlichen Apfel schälen und das Kerngehäuse entfernen. Das Fruchtfleisch sowie jenes der ausgehöhlten Äpfel klein würfeln. Den Cidre mit dem Zucker erhitzen. Die Vanilleschote aufschneiden und das Mark herausschaben. Mark, Schote und Zimtstange zum Cidre geben. Den Sago unter Rühren einrieseln lassen und bei milder Hitze 10 Minuten garen.
Die Apfelwürfel zum Sago geben und weitere 5 Minuten oder mehr köcheln lassen, bis der Sago durchscheinend ist. Die beiden Gewürzstangen entfernen und die Masse abkühlen lassen.
Für die Sauce die Crème double mit dem Apfelschnaps und dem Honig verrühren und in den Kühlschrank stellen.
Zum Servieren die Apfelzubereitung warm oder abgekühlt in die ausgehöhlten Äpfel füllen, die Deckel aufsetzen und alles mit etwas Puderzucker bestäuben. Die Sauce dazu reichen.

APFELAUFLAUF

Die Äpfel vierteln, entkernen, schälen und in 1 Zentimeter dicke Spalten schneiden. Portwein oder Apfelsaft erhitzen und die Apfelspalten darin bei milder Hitze 5 Minuten garen. Abgießen und die Rumrosinen einrühren. Die Rosinenbrötchen in Scheiben schneiden und jeweils eine Seite mit Butter bestreichen. Mit der restlichen Butter eine weite Auflaufform einfetten. Die Apfelspalten auf dem Boden der Form verteilen und darüber die Brötchenscheiben dachziegelartig mit der Butterseite nach unten auflegen. Den Backofen auf 200 °C (Gas Stufe 3-4, Umluft 180 °C) vorheizen. Die Sahne mit der Milch und dem Vanillezucker erhitzen. Die Eigelbe mit dem Zucker schaumig rühren. Die heiße Sahne-Milch-Mischung unter den Eigelbschaum rühren und alles über die Brötchenscheiben gießen. Den Auflauf im Backofen auf der mittleren Schiene 40 bis 50 Minuten backen. Die Mandelblättchen und den Zucker darüber streuen und unter dem Grill goldgelb bräunen. Dazu passt Vanillesauce oder sahniges Vanilleeis.

Pâpidoux
APPELLATION CALVADOS CONTRÔLÉE
Calvados
FINE

Herbstfrüchte mit Marzipan in Pergament

Für die Fruchtzubereitung:
1 Apfel
1 Birne
200 g Mirabellen
200 g Zwetschgen
250 g Muskattrauben
75 g Puderzucker
2 EL Butter
4 EL Mandellikör (z. B. Amaretto)
100 g Marzipanrohmasse

Für das Gebäck:
½ Eiweiß
2 EL Zucker
1 EL Mehl
100 g Marzipanrohmasse
1 Eigelb
5 EL Mandelbättchen

Für die Päckchen:
8 Bogen Butterbrotpapier
etwa 50 g weiche Butter
gelber, roter und orangefarbener Bast

Außerdem:
100 ml süße Sahne

Für die Fruchtzubereitung das Obst waschen und abtropfen lassen. Den Apfel und die Birne vierteln, schälen, entkernen und in mundgerechte Stücke schneiden. Die Mirabellen und die Zwetschgen halbieren und entsteinen. Die Trauben halbieren und entkernen.
In einer Pfanne den Puderzucker zu hellem Karamell schmelzen. Alle Früchte, Butter und Likör zugeben und so lange erhitzen, bis der Karamell geschmolzen ist. Die Fruchtzubereitung auf Zimmertemperatur abkühlen lassen. Die Marzipanrohmasse grob raffeln und mit der abgekühlten Fruchtzubereitung mischen.

Für das Gebäck den Backofen auf 180 °C (Gas Stufe 2-3, Umluft 160 °C) vorheizen. Ein Backblech mit Backpapier auslegen. Das halbe Eiweiß mit dem Zucker und dem Mehl verrühren. Die Marzipanrohmasse zugeben und alles zu einem glatten Teig verarbeiten. Mit leicht feuchten Händen fingerlange Rollen formen, auf das Backblech setzen und etwas breiter drücken. Die Marzipanstangen mit verrührtem Eigelb bestreichen und mit Mandelblättchen bestreuen. Das Gebäck im Backofen auf der mittleren Schiene 15 bis 25 Minuten backen und herausnehmen. Den Backofen nicht ausschalten.

Für die Päckchen 4 Bogen Butterbrotpapier mit Butter bestreichen und mit je einem frischen Butterbrotpapier belegen. Jeden Doppelbogen in eine kleine Schale drücken und die Fruchtzubereitung darauf verteilen. Die Dessertpäckchen mit dreifarbigem Bast verschließen. Ohne Schälchen auf dem Backblech im vorgeheizten Backofen 20 Minuten erhitzen.

Zum Servieren die Sahne leicht anschlagen. Die Dessertpäckchen auf Dessertteller legen und mit der Sahne und dem Gebäck servieren.

Überraschung! Überlassen Sie es jedem Gast, sein Päckchen selbst bei Tisch zu öffnen. Er wird betört sein vom fruchtigwürzigen Aroma der Früchte und des Marzipans. Probieren Sie auch andere Früchtekombinationen wie Äpfel mit Backpflaumen oder Pfirsiche mit Brombeeren. Statt der angeschlagenen Sahne schmeckt auch eine Kugel Eis dazu sehr gut.

Früchte in Gelee

QUITTENPASTETE

3 Quitten
500 ml Quittensaft
100 g Zucker
1 Zimtstange
1 Sternanis
1 Gewürznelke
5 Blatt weiße Gelatine
2 Blatt rote Gelatine
4 EL Zitronensaft
1 Marzipandecke (Fertigprodukt)

Tipp:
Das eingewickelte Quittengelee maximal 2 Stunden stehen lassen, weil sich das Marzipan langsam auflöst.

NEKTARINEN IN WEINGELEE

3 Nektarinen
200 g Zucker
4 EL Pfirsichlikör
250 g Himbeeren
3 EL Puderzucker

7 Blatt weiße Gelatine
500 ml Gewürztraminer
75 g Zucker
4 EL Zitronensaft
4 Stängel Zironenmelisse

150 ml süße Sahne
1 Päckchen Vanillezucker

QUITTENPASTETE

Für das Gelee die Quitten abreiben, vierteln, schälen und entkernen. Den Quittensaft mit dem Zucker, der Zimtstange, dem Sternanis und der Gewürznelke in einem Topf mischen. Die Quittenviertel einlegen, aufkochen und bei milder Hitze weich kochen, aber nicht zerfallen lassen. Abgießen und dabei den Saft auffangen. Quitten in etwa 2 Zentimeter große Würfel schneiden. Die Gelatine in kaltem Wasser einweichen. Den warmen Quittensaft mit dem Zitronensaft mischen. Die Gelatine ausdrücken und bei milder Hitze auflösen. Die Gelatine in den warmen Saft einrühren und kühl stellen. Eine längliche Form (22 cm Länge) mit Frischhaltefolie auslegen und kühl stellen. Die Marzipandecke so einlegen, dass die Ränder überlappen. Den abgekühlten und gerade gelierenden Saft mit den Quittenwürfeln mischen und in die Form gießen. Die Marzipandecke darüber legen und den Rest wegschneiden. Das Gelee im Kühlschrank in etwa 2 Stunden fest werden lassen. Vor dem Anrichten die Pastete aus der Form lösen und in dicke Scheiben schneiden. Nach Belieben mit Vanillesauce servieren.

NEKTARINEN IN WEINGELEE

Die Nektarinen kurz blanchieren, häuten, halbieren und entsteinen. Den Zucker in 250 Milliliter Wasser aufkochen und die Nektarinen darin 5 bis 8 Minuten bei milder Hitze garen. Vom Herd nehmen, den Likör einrühren und abkühlen lassen.
Die Himbeeren verlesen. Für das Püree etwa die Hälfte der Himbeeren mit dem Puderzucker mischen und durch ein feines Sieb streichen. Die Gelatine in kaltem Wasser einweichen. Den Wein mit dem Zucker erhitzen. Die Gelatine ausdrücken und in dem heißen, nicht kochenden Wein auflösen. Den Zitronensaft einrühren. Den Wein abkühlen, aber nicht gelieren lassen.
12 bis 15 Melisseblätter in feine Streifen schneiden. Die Nektarinen in schmale Spalten schneiden. Melissestreifen, Nektarinenspalten und restliche Himbeeren unter den abgekühlten Wein mischen. Die Mischung in 4 kleine Förmchen gießen und im Kühlschrank in 4 bis 6 Stunden fest werden lassen.
Das Gelee stürzen. Die Sahne mit dem Vanillezucker nicht ganz steif schlagen. Das Gelee mit der Sahne, dem Himbeerpüree und Melisseblättern anrichten.

Pfirsiche mit Himbeermark

500 g Himbeeren
4 EL Puderzucker
3 EL Himbeergeist
2 große Pfirsiche
500 ml Pfirsichnektar
250 ml süße Sahne
1 Päckchen Vanillezucker
1 TL Zucker
1 EL Orangenlikör (z. B. Cointreau)
4 TL gehackte Pistazien

Zwetschgenkompott mit Griesstalern

250 g Zwetschgen
250 g Mirabellen
100 g Zucker
1 TL Lebkuchengewürz
4 EL roter Portwein
2 EL Pflaumenbranntwein (z. B. Slibowitz)
500 ml Milch
5 EL Hartweizengrieß
5 TL Zucker
etwas geriebene Zitronenschale
1 Ei
75 g gemahlene Haselnüsse
Butterschmalz zum Braten

Tipp:
Servieren Sie zum kalten Kompott warme Grießtaler oder umgekehrt. Die kalten Taler nicht braten, nur ausstechen. Sie können mit gerösteten Mandelblättchen bestreut werden.

Pfirsiche mit Himbeermark

Die Himbeeren verlesen und 12 schöne Exemplare beiseite legen. Die restlichen Früchte mit dem Puderzucker mischen und 15 Minuten stehen lassen. Die Himbeeren pürieren und durch ein feines Sieb streichen. Das Himbeermark mit dem Himbeergeist aromatisieren.
Die Pfirsiche waschen, halbieren und die Haut abziehen. Falls das nicht geht, die Früchte kurz in kochendes Wasser tauchen, unter kaltem Wasser abschrecken und häuten. Den Pfirsichnektar zum Kochen bringen und die Pfirsichhälften darin bei milder Hitze 5 bis 8 Minuten garen. Die Pfirsiche abtropfen lassen.
Die Sahne leicht anschlagen, Vanillezucker und Zucker einrieseln lassen und die Sahne steif schlagen. Den Orangenlikör einrühren. Die Sahne in einen Spritzbeutel mit Sterntülle füllen. Jeweils einen halben Pfirsch in ein langstieliges Dessertglas geben. Etwas Himbeermark darüber gießen und die Sahne in kleinen Tupfen um die Pfirsichhälften spritzen. Die zurückgelegten Himbeeren dazulegen. Ein paar gehackte Pistazien über die Pfirsiche streuen.

Zwetschgenkompott mit Griesstalern

Für das Kompott die Früchte waschen, halbieren und entsteinen. Den Zucker zu einem hellen Karamell schmelzen und die Früchte darin 5 Minuten schmoren. Das Lebkuchengewürz, den Portwein und den Pflaumenbranntwein einrühren. Das Kompott abgedeckt abkühlen lassen.
Für die Grießtaler die Milch zum Kochen bringen und den Grieß unter Rühren einrieseln lassen. Zucker und Zitronenschale zugeben und den Grieß unter Rühren 3 Minuten kochen. Den heißen Brei knapp 2 Zentimeter hoch in eine flache Schale oder auf ein mit Frischhaltefolie ausgelegtes Backblech streichen. Abgedeckt vollständig erkalten lassen.
Zum Fertigstellen der Grießtaler mit einem blütenförmigen Ausstechring kleine Taler aus dem Grieß ausstechen. Das Ei in einem Teller verrühren. Die Haselnüsse auf einen anderen Teller geben. Butterschmalz in einer Pfanne erhitzen. Die Grießtaler durchs Ei ziehen, beidseitig in die Haselnüsse drücken und auf beiden Seiten im heißen Fett goldgelb braten. Herausnehmen und mit dem Kompott anrichten.

Exotische Grütze mit Kokossahne

Für 6 Portionen

Für die Grütze:
1 Mango
1 Papaya
1 Ananas
100 g Physalis (Kapstachelbeeren)
4 Maracujas
2 Kiwis
4 Orangen
1 Limette
100 g Zucker
1 TL Speisestärke

Für die Kokossahne:
250 ml süße Sahne
1 Päckchen Vanillezucker
50 g süße Kokoscreme
2 EL Kokoslikör (z. B. Batida de Coco)

Für die Grütze die Mango waschen, das Fruchtfleisch vom Stein schneiden, schälen und in mundgerechte Stücke schneiden. Die Papaya halbieren, die Kerne entfernen, das Fruchtfleisch schälen und ebenfalls in mundgerechte Stücke schneiden. Die Ananas längs vierteln, den harten Strunk herausschneiden und die Viertel schälen. Die Hälfte der Ananas in mundgerechte Stücke schneiden. Die restliche Ananas klein schneiden und mit einem Mixstab pürieren. Die Physalis aus ihrer papierartigen Umhüllung nehmen, waschen und halbieren. Die Maracujas halbieren, das Fruchtfleisch herauslösen und mit dem Ananaspüree mischen. Die Kiwis schälen, halbieren und in dicke Scheiben schneiden.
3 Orangen auspressen, die andere wie einen Apfel schälen und in Scheiben schneiden. Die Limette waschen, trockenreiben, die Schale fein abreiben und die Frucht auspressen.
Den Orangen- und Limettensaft mit dem Ananaspüree, der Limettenschale und dem Zucker einmal aufkochen. Die Speisestärke in einer halben Tasse kaltem Wasser anrühren, in den Saft rühren und einmal aufkochen lassen. Alle Früchte zugeben und noch einmal aufkochen. Die Fruchtzubereitung in eine Schüssel füllen, abdecken und im Kühlschrank abkühlen lassen.

Für die Kokossahne die Sahne mit dem Vanillezucker steif schlagen. Die Kokoscreme mit dem Likör verrühren und die Sahne unterheben. Die Kokossahne zur Grütze servieren.

Die Ananas ist die Königin aller Früchte der Tropen. Dank moderner Transportmittel können wir heute zu jeder Zeit die köstlichsten Früchte aus aller Welt verzehren. Die aromatische Ananas wurde schnell beliebt, sodass man sie von Haut und Strunk befreite, in anmutige Ringe schnitt und in Dosen einsperrte. Wer aber je eine frische Ananas kostete, weiß warum er prüfend und reichend am Obststand steht, um sich die beste Frucht auszuwählen. Je kleiner die Schuppen und je ausgeprägter die Schale, umso köstlicher das Fruchtfleisch. „Flugananas" werden reif geerntet und kommen auf dem schnellsten Weg zu uns, das schmeckt und riecht man. Frische Ananas gilt durch das eiweißspaltende Enzym Bromelin als verdauungsfördernd.

Bunte Früchte mit Maracujasabayon

Für die Früchte:

1 Ananas
1 Stück frischer Ingwer
4 Apfelbananen
1 Ei
6 EL Kokosflocken
Butterschmalz zum Braten
3 Kiwis
1 Granatapfel

Für das Maracujasabayon:

4 Maracujas
150 ml weißer Portwein
75 g Zucker
2 EL Zitronensaft
3 Eigelbe
1 Ei
1 TL Speisestärke

Für die Früchte die Ananas von Schopf und Stiel befreien, schälen, längs halbieren und den harten Strunk entfernen. Die Hälften in Scheiben schneiden und nebeneinander auf einen Teller legen. Den Ingwer schälen und fein reiben; es wird etwa 1 Teelöffel benötigt. Die Ananasscheiben mit dem Ingwer bestreichen und beiseite stellen.
Die Bananen schälen. Das Ei in einem Teller verrühren. Die Kokosflocken auf einen anderen Teller legen. Das Butterschmalz in einer Pfanne erhitzen. Die Bananen zuerst durch das Ei ziehen, dann in den Kokosflocken wälzen und schließlich im heißen Fett rundherum goldgelb braten. Herausnehmen und auf einem Kuchengitter abtropfen lassen. Die Kiwis schälen und in Scheiben schneiden. Den Granatapfel halbieren, vorsichtig auseinander brechen und die einzelnen Kerne auslösen.

Für das Sabayon die Maracujas halbieren und das Fruchtfleisch herauslösen. Mit Portwein, Zucker, Zitronensaft, Eigelb, Ei und Speisestärke in einem Schneekessel verrühren und mit dem Schneebesen im Wasserbad cremig aufschlagen.

Zum Servieren die Ananasscheiben mit den gebackenen Bananen und den Kiwischeiben auf Desserttellern anrichten. Das Sabayon darüber gießen und alles mit Granatapfelkernen bestreuen.

Ein schlichtes, aber köstliches leichtes Dessert, dass gut vorbereitet sein muss, damit die Köchin oder der Koch sich nicht zu lange von den Gästen entfernt. Wenn die Größe des Ortes es erlaubt, dürfen die Gäste mit in die Küche kommen. Dort servieren Sie Ihnen ein Glas Champagner oder einen Grappa. Vorweg haben Sie bereits alle Früchte geschält und die Ananas mit Ingwer bestrichen. Ei und Kokosflocken liegen getrennt auf Tellern, die Pfanne enthält bereits das Fett. Alle Zutaten für das Sabayon sind im Schneekessel oder in einem kleinen Topf verrührt. Auch das Wasserbad für das Sabayon ist erhitzt und wird erst jetzt zum Kochen gebracht. Während ein freiwilliger Gast das Sabayon aufschlägt, braten Sie die Bananen, oder umgekehrt, und legen alles ansprechend auf die Teller. Das dauert nicht länger als 10 bis 15 Minuten.

Rhabarber und Feigen

RHABARBERAUFLAUF

750 g Rhabarber
250 ml Himbeersirup
1 Zimtstange
1 Sternanis
135 bis 165 g Zucker
6 Eier
1 Päckchen Vanillezucker
75 g weiche Butter
75 g Mehl
2 EL Puderzucker
2 EL Himbeergeist
Puderzucker zum
Bestäuben

ROTWEINFEIGEN

750 ml kräftiger Rotwein
250 ml roter Portwein
250 ml Marsala
1 Lorbeerblatt
1 Stängel Thymian
100 g Lavendelhonig
12 frische Feigen
4 Kugeln Vanilleeis
4 Lavendelblüten oder
kandierte Veilchen

RHABARBERAUFLAUF

Den Rhabarber waschen, putzen, bei Bedarf schälen und schräg in mundgerechte Stücke schneiden.
Den Himbeersirup mit der Zimtstange, dem Sternanis und 1 Glas Wasser zum Kochen bringen.
Den Rhabarber darin bei milder Hitze 8 bis 10 Minuten garen.
Das Kompott nach Bedarf mit 60 bis 90 Gramm Zucker süßen.
Die Eier trennen. Das Eiweiß kühl stellen. Die Eigelbe mit 75 Gramm Zucker und dem Vanillezucker schaumig rühren.
Die Butter unterrühren. Zum Schluss das gesiebte Mehl untermischen.
Den Backofen auf 200 °C (Gas Stufe 3-4, Umluft 180 °C) vorheizen. Das Eiweiß halb steif schlagen, den gesieben Puderzucker einrieseln lassen und steif schlagen. Den Eischnee unter den Teig heben. Den Himbeergeist einrühren.
Das Kompott in eine weite Auflaufform füllen und den Teig darüber gießen. Die Form auf die mittlere Schiene des Backofens stellen und den Auflauf 30 bis 35 Minuten backen. Mit gesiebtem Puderzucker bestäuben.

ROTWEINFEIGEN

Den Rotwein mit dem Portwein und dem Marsala in einem Topf sprudelnd kochen, bis die Flüssigkeit auf die Hälfte eingekocht ist.
Das Lorbeerblatt und den Thymianstängel darin 30 Minuten ziehen lassen und wieder entfernen. Den Honig in die lauwarme Flüssigkeit einrühren.
Die Feigen waschen, mit einem Holzspießchen rundherum einstechen und dicht an dicht in eine Schüssel legen. Den lauwarmen, eingekochten Wein darüber gießen und die Feigen abgedeckt bei Zimmertemperatur 12 bis 18 Stunden durchziehen lassen.
Zum Servieren die marinierten Feigen abtropfen lassen und auf 4 Dessertteller verteilen. Die Flüssigkeit sirupartig einkochen.
Jeweils 1 Kugel Eis zu den Feigen setzen. Mit etwas lauwarmem Sirup begießen und mit Lavendelblüten oder kandierten, grob zerkleinerten Veilchen garnieren.

Im Spätsommer blüht der Lavendel. Seine Blüten sind essbar und und können zum Dekorieren verwendet werden. Kandierte Veilchen finden Sie in Delikatessläden. Die blauen Zuckerstückchen werden vor dem Anrichten grob zerkleinert.

ECTED FRUITS

Marinierte Früchte in Kiwisauce

Für die Früchte:
4 Aprikosen
6 EL Apricot Brandy
250 g Erdbeeren
200 g Brombeeren
4 EL Erdbeerlikör
4 EL Brombeerlikör

Für den Krokant:
75 g Puderzucker
4 EL Mandelblättchen
4 EL gehackte Pistazien
4 EL kernige Haferflocken
1 EL Butter

Für die Kiwisauce:
500 g Kiwis
6 EL Puderzucker
etwas Zitronensaft

Für die Sahne:
125 ml süße Sahne
1 EL Zucker
1 Päckchen Sahnesteif
2 EL Pfefferminzlikör
2 Stängel Pfefferminze

Tipp:
Aprikosen sind köstliche Früchte, wenn sie reif und saftig auf den Markt kommen. Am besten probieren Sie vor Ort eine Frucht, bevor Sie sich zum Kauf entscheiden. Unreife und mehlige Früchte machen kein Vergnügen. Türkische Aprikosen sind sehr saftig, aber klein. In diesem Fall brauchen Sie ein paar mehr Früchte.

Zum Marinieren die Aprikosen kurz in kochendes Wasser tauchen, häuten, halbieren und den Kern entfernen. Die Hälften mit einem Holzspießchen mehrmals einstechen und mit dem Apricot Brandy begießen. Erdbeeren und Brombeeren putzen, waschen und gut abtropfen lassen. Die Erdbeeren je nach Größe halbieren. Erdbeeren mit Erdbeerlikör, Brombeeren mit Brombeerlikör beträufen. Die Früchte abdecken und bei Zimmertemperatur 4 Stunden durchziehen lassen.

Für den Krokant den Puderzucker in einer Pfanne zu hellem Karamell schmelzen. Mandelblättchen, Pistazien und Haferflocken zugeben und unter Rühren mit Karamell umhüllen. Die Pfanne vom Herd nehmen und nach wenigen Minuten die Butter darin schmelzen lassen. Die Masse auf einem Teller abkühlen lassen.

Für die Kiwisauce die Kiwis schälen, klein schneiden, mit dem Puderzucker mischen und 15 Minuten Saft ziehen lassen. Die Früchte pürieren und mit Zitronensaft würzen.

Zum Servieren den Krokant zerkleinern. Die Sahne mit Zucker und Sahnesteif steif schlagen und den Likör einrühren. Die grüne Sauce auf 4 tiefe Teller verteilen und die marinierten Aprikosen mit der Rundung nach oben sowie die marinierten Erdbeeren und Brombeeren hineinsetzen. Die Sahne in einen Spritzbeutel mit Sterntülle füllen und kleine Rosetten aufs Dessert spritzen. Etwas Krokant darüber streuen und mit Pfefferminzblättern garnieren. Sofort servieren.

Es war vor rund 100 Jahren, als in Neuseeland Dr. Allison einige Actinidia-Samen aus China bekam. Daraus entstanden nach vielen Jahren züchterischer Arbeit die großen Plantagen der Chinesischen Stachelbeere, wie sie zuerst genannt wurde. Aus dieser wohlschmeckenden „Stachelbeere" wurde erst Mitte des vorigen Jahrhunderts die Kiwi, benannt nach dem flugunfähigen neuseeländischen Vogel Kiwi. Inzwischen gedeihen Kiwipflanzen auch bei uns. Kiwis enthalten wie Ananas ein eiweißspaltendes Enzym, weshalb die Früchte nicht roh für Milch-, Sahne- und Gelatinezubereitungen verwendet werden können.

Birnen mit Mandelbaiser

Für das Johannisbeergelee:
6 Blatt rote Gelatine
500 ml schwarzer Johannisbeersaft
4 EL Zucker
4 EL schwarzer Johannisbeerlikör (z. B. Cassis)

Für die Birnen und den Weinsirup:
4 feste Birnen
750 ml trockener Weißwein
250 ml weißer Portwein
1 Zimtstange
1 Sternanis
2 Zitronenscheiben
4 EL Zucker
8 TL Ingwerkonfitüre

Für die Baiserhaube:
5 EL Mandelblättchen
3 Eiweiße
1 Prise Salz
75 g Puderzucker

Für das Gelee die Gelatine in kaltem Wasser einweichen. Den Johannisbeersaft 8 Minuten offen sprudelnd einkochen. Zucker und Likör einrühren und vom Herd nehmen. Die Gelatine ausdrücken und im heißen, nicht kochenden Saft durch Rühren auflösen. Den Saft etwa 1 Zentimeter hoch in ein flaches Gefäß gießen und 3 bis 4 Stunden kühl stellen, bis das Gelee fest ist.
Die Birnen waschen, schälen und den Blütenansatz entfernen. Den Wein mit dem Portwein erhitzen. Zimtstange, Sternanis, Zitronenscheiben und Zucker zugeben.
Die Birnen darin bei milder Hitze 5 bis 8 Minuten garen. Die Früchte in dem Wein abkühlen lassen. Die festen Gewürze entfernen und die Birnen auf einen Teller legen. Den Wein sirupartig einkochen. Die Birnen längs halbieren. Das Kerngehäuse entfernen, die Öffnung etwas vergrößern und mit der Ingwerkonfitüre füllen.

Für die Baiserhaube die Mandelblättchen in einer fettfreien Pfanne goldgelb rösten und abkühlen lassen. Das Eiweiß mit etwas Salz halb steif schlagen. Den gesiebten Puderzucker nach und nach zugeben und ganz steif schlagen. Die Mandelblättchen unterziehen. Den Grill des Backofens anheizen. Die Birnen in eine Auflaufform setzen und den Eischnee wolkenähnlich darauf verteilen. Unter dem Grill goldgelb bräunen.

Zum Servieren aus dem Johannisbeergelee mit Plätzchenausstecher Herzen oder Sterne ausstechen. Das restliche Gelee sehr fein hacken. Den Weinsirup auf 4 Dessertteller verteilen. Die Birnen mit den Geleefiguren und dem klein gehackten Gelee darauf anrichten.

Der Birnbaum des Herrn von Ribbeck auf Ribbeck im Havelland – Sie kennen doch sicherlich das schöne Lied von Herrn von Ribbeck, das Theodor Fontane uns hinterlassen hat. Im Herbst, wenn die Birnen in seinem Garten reif waren, schenkte er die süßen Früchte an die Kinder. Als er starb, legte man ihm auf sein Geheiß hin eine Birne mit ins Grab. Er kannte seinen geizigen Sohn, der niemals die süßen Birnen verschenken würde. Aber eines Tages sproß ein Birnensprößling aus dem Grab hervor und bald erfreuten die süßen Birnen wieder die Kinder im Havelland.

Holunder-Kaltschale

Für die Kaltschale:
1 Birne
1 Apfel
250 g Zwetschgen
150 g Brombeeren
1 Liter Holundersaft
75 g Zucker
1 Zimtstange
1 Sternanis
1 Gewürznelke
1 EL Speisestärke

Für die Garnitur:
125 ml süße Sahne
1 Päckchen Vanillezucker
30 g kandierte Rosenblätter

Tipp:
Holundersaft und Holunderfruchtaufstrich erhalten Sie in Reformhäusern und Naturkostläden. Holundersaft gibt es auch in Apotheken.

Für die Kaltschale die Birne und den Apfel schälen, entkernen und in etwa 1 Zentimeter große Würfel schneiden. Die Zwetschgen waschen, halbieren und entkernen.
Den Holundersaft mit Zucker, Zimtstange, Sternanis und Gewürznelke zum Kochen bringen und alle Früchte darin 5 bis 7 Minuten garen. Die Speisestärke mit etwas kaltem Wasser anrühren, in den Saft rühren und einmal aufkochen lassen. Die Kaltschale abgedeckt abkühlen lassen. Die festen Gewürze entfernen.

Für die Garnitur die Sahne mit dem Vanillezucker steif schlagen und in einen Spritzbeutel mit Sterntülle füllen. Kleine Sahnerosetten auf die Kaltschale spritzen und mit grob gehackten Rosenblättern bestreuen.

Variation: Statt der Schlagsahne können Sie auch steif geschlagenes Eiweiß, mit etwas Zucker gesüßt, zusammen mit der Kaltschale servieren.

Holunderblüten und Holunderbeeren sind immer eine kulinarische Sünde wert. Wer nicht frühzeitig einen Hollerbusch neben seinem Haus angepflanzt hat, um Blüten und Beeren zu ernten und böse Geister und Mächte fernzuhalten, muss hinaus in die freie Natur. Dort gedeiht der Schwarze Holunder an Waldrändern und Feldrainen. Wer Holunderbeeren erntet, sollte unbedingt beachten, dass die Beeren niemals roh verzehrt werden dürfen. Blätter, Stiele, Stängel, Samen und unreife grüne und hellviolette Beeren enthalten Sambunigrin, dass Erbrechen, Übelkeit und Benommmheit hervorrufen kann. Sambunigrin wird durch Kochen zerstört. Schon Hyppokrates und Paracelsus kannten und priesen die Heilkraft der Blätter, Blüten, Beeren, Rinde und Wurzeln. Tee aus Blättern und Blüten fördert die Wasserausscheidung und somit die Ausschwemmung von Krankheitsstoffen. Dieser Tee findet Anwendung bei Lungenentzündung, fiebrigen Erkältungen, Grippe, Arthritis. Heißer Holundersaft lindert Bronchitis und Husten.

Kürbisflan mit Limettensauce

Für den Kürbisflan:
250 g Hokkaido-Kürbisfleisch
3 Eier
100 g Zucker
1 Stück frischer Ingwer
1 Messerspitze Zimt
1 Zitrone
1 TL Speisestärke
Butter für die Förmchen

Für die Limettensauce:
2 bis 3 Limetten
4 EL Orangensaft
75 g Butter
75 g Zucker

Für die Garnitur:
Kokosnusslocken

Tipp:
Um Kokosnusslocken zu gewinnen eine frische Kokosnuss knacken und das Kokoswasser abgießen. Die braune Haut mit einem Sparschäler entfernen. Für Dekozwecke darf die dünne Haut aber auch dranbleiben. Mit dem Sparschäler entlang der Kanten Spänen abziehen.

Für den Flan das Kürbisfleisch über Dampf oder in sehr wenig Wasser weich kochen. Übrig bleibendes Wasser abgießen. Das Kürbisfleisch abdampfen lassen – es soll möglichst trocken sein – und mit einem Mixstab pürieren. Die Eier trennen. Das Eiweiß kühl stellen. Die Eigelbe und mit dem Zucker schaumig rühren. Den Ingwer schälen und fein reiben; etwa 1 Esslöffel wird davon gebraucht. Den Ingwer mit etwas Zimt zur Creme geben. Die Zitrone heiß waschen und trockenreiben. Die Hälfte der Schale zur Creme reiben. Den Saft der Zitrone auspressen. Die Eicreme mit dem Kürbispüree mischen und mit dem Zitronensaft abschmecken. Das Eiweiß steif schlagen, die Speisestärke einrühren und die Masse unter die Kürbiscreme heben.

Zum Garen den Kürbisflan in gefettete Förmchen (175 ml Inhalt) füllen und mit Alufolie verschließen. Den Backofen auf 190 °C (Gas Stufe 3) vorheizen. Die Förmchen in einen weiten Topf setzen und diesen bis knapp zur Hälfte der Förmchen mit heißem Wasser füllen. Den Topf mit den Förmchen auf die mittlere Stufe in den Backofen geben und den Flan in 30 bis 40 Minuten stockenlassen. Eine Garprobe machen: Bleibt das Holzstäbchen beim Herausziehen trocken, ist der Flan fertig.

Für die Sauce die Limetten waschen und trockenreiben. Mit einem Zestenreißer Schalenstreifen von 2 Früchten abziehen. Die Früchte auspressen, es werden 6 bis 8 Esslöffel Saft gebraucht. 6 Esslöffel Limettensaft mit dem Orangensaft erwärmen. Die Butter mit dem Zucker schaumig rühren. Den warmen Limetten-Orangen-Saft teelöffelweise zugeben und mit einem Mixstab cremig aufschlagen. Die Sauce mit Limettensaft abschmecken.

Zum Servieren den Flan lauwarm auf Dessertteller stürzen. Etwas Sauce zugeben und mit Limettenschale und Kokosnusslocken garnieren.

Ausgehöhlte Kürbisse – mit schrecklichen Fratzen verziert, in denen ein flackerndes Licht für gruselige Stimmung sorgt – gehören zu Halloween. Nicht nur am 31.Oktober wird vierorts mit Kürbissen gekocht. Aber muss es immer eine Kürbissuppe sein?

Früchte-Tempura mit Honigsauce

Für die Honigsauce:
125 g Akazienhonig
2 EL Orangensaft
2 EL Zitronensaft
etwas geriebene Zitronenschale
1 Stück frischer Ingwer
etwas Zimt
1 reife Banane

Für die Früchte:
250 g Erdbeeren
1 Ogenmelone
1 Babyananas
1 Papaya
1 Mango
1 Karambole (Sternfrucht)

Für den Tempurateig:
2 Eigelbe
250 g Mehl
Butterschmalz oder Öl zum Ausbacken

1 Limette

Tipp:
Auch ohne Fritteuse können Sie feststellen, ob das Fett die richtige Temperatur hat. Tauchen Sie einen Holzlöffelstiel ins heiße Fett. Steigen am Holzstiel kleine Bläschen hoch, ist die richtige Temperatur erreicht. Beachten Sie, dass Sie nie zuviel Früchte auf einmal frittieren, weil so die Temperatur sinkt.

Für die Sauce den Honig mit 75 Milliliter Wasser aufkochen, 3 Minuten sprudelnd kochen und beiseite stellen. Den leicht abgekühlten Sirup mit den beiden Zitrussäften und der Zitronenschale verrühren. Den Ingwer schälen, in dünne Scheiben schneiden und sehr fein würfeln; es wird 1 gehäufter Esslöffel benötigt. Die Hälfte des Ingwers und den Zimt in den Sirup einrühren. Die Banane schälen, mit einer Gabel zerdrücken und zum Sirup geben. Diesen erneut erhitzen. Die Masse mit einem Mixstab pürieren und durch ein feines Sieb streichen. Den restlichen Ingwer zugeben. Die Sauce abdeckt bei Zimmertemperatur aufbewahren.

Für die Früchte das Obst nach Bedarf waschen, putzen und schälen. Die Erdbeeren ganz lassen. Melone, Ananas, Papaya und Mango in mundgerechte Stücke schneiden. Karambole in nicht zu dünne Scheiben schneiden.

Für den Teig die Zutaten in 2 Portionen zubereiten. Dafür zunächst 1 Eigelb mit 250 Milliliter kaltem Wasser sowie 5 Eiswürfeln und 125 Gramm Mehl rasch und locker verrühren; Mehlklümpchen sind erwünscht. Reichlich Fett in der Fritteuse oder in einem hohen Topf erhitzen. Die Früchte portionsweise durch den Teig ziehen, goldgelb frittieren, auf Küchenpapier entfetten und im 80 °C heißen Backofen warm halten. Wenn der Teig verbraucht ist, mit dem restlichen Eigelb, 250 Milliliter Wasser mit 5 Eiswürfeln und dem restlichen Mehl einen Teig herstellen. Die restlichen Früchten durch den Teig ziehen, portionsweise frittieren und auf Küchenpapier entfetten.

Zum Servieren die Limette waschen, trockenreiben und in dünne Scheiben schneiden. Die frittierten Früchte auf einer Platte mit den Limettenscheiben anrichten. Die Honigsauce getrennt dazu reichen.

Der Tempurateig, mit dem in der asiatischen Küche Gemüse und Meeresfrüchte frittiert werden, ist simpel. Mehlklümpchen sind dabei erwünscht, weil nur so die Teighülle richtig knusprig wird. Auch darf der Teig nur ganz kurz vor der Verarbeitung hergestellt werden.

Früchte mit Käse

Ziegenfrischkäse mit Traubenragout

350 g helle Weintrauben
350 g blaue Weintrauben
250 ml trockener Weißwein
125 ml weißer Portwein
1 Zimtstange
1 Gewürznelke
50 g Zucker
½ TL Speisestärke
2 EL Grappa di Moscato
etwas Zitronensaft
4 Ziegenfrischkäse à 45 g
1 TL frischer Thymian
1 TL frischer Rosmarin
etwas geriebene Orangenschale
1 TL rote Pfefferkörner
4 TL Paniermehl
4 TL Olivenöl
8 Haselnusskerne
2 EL Butter

Marinierte Erdbeeren mit Camembert

500 g Erdbeeren
1 TL Honig
1 EL alter Balsamessig
2 Stängel Zitronenmelisse
4 EL Mandelblättchen
4 EL Mehl
2 Eier
1 Prise Salz
etwas frischer Thymian
etwa 200 ml Milch
2 EL flüssige Butter
Butterschmalz zum Braten
200 g milder Camembert

Ziegenfrischkäse mit Traubenragout

Die Weintrauben putzen, waschen, abtropfen lassen, längs halbieren und entkernen. Weißwein, Portwein, Zimtstange und Gewürznelke aufkochen und die Flüssigkeit um ein Drittel einkochen. Zucker und Trauben zugeben und einmal aufkochen lassen. Die Speisestärke mit etwas kaltem Wasser anrühren und in die Flüssigkeit rühren. Mit Grappa und Zitronensaft würzen. Die festen Gewürze entfernen.

Den Grill vorheizen. Die Käselaibe in eine Auflaufform setzen. Thymian, Rosmarin und Orangenschale mischen. Pfefferkörner im Mörser grob zerstoßen. Die Kräuter mit der Orangenschale, dem Pfeffer und dem Paniermehl mischen und über die Frischkäse streuen. Jeden Käse mit etwas Öl beträufeln. Den Käse goldgelb gratinieren.

Für die Garnitur die Haselnüsse fein hobeln. Die Butter zerlassen und die gehobelten Nüsse darin leicht bräunen.

Zum Servieren das Traubenragout auf 4 Dessertteller verteilen, die überbackenen Ziegenkäse darauf anrichten und mit der Haselnussbutter beträufeln.

Marinierte Erdbeeren mit Camembert

Die Erdbeeren putzen, waschen, abtropfen lassen und halbieren. Den Honig mit dem Essig mischen und über die Erdbeeren gießen. Abgedeckt bei Zimmertemperatur 1 bis 2 Stunden durchziehen lassen. Die Melisseblätter in Streifen schneiden und mit den Erdbeeren mischen.

Die Mandelblättchen in einer fettfreien Pfanne goldgelb rösten.

Für die Pfannkuchen Mehl, Eier, Salz, Thymian, Milch und flüssige Butter zu einem glatten Teig verrühren und 30 Minuten ausquellen lassen. Nach Bedarf noch etwas Milch zugeben.

Etwas Butterschmalz in einer kleinen Pfanne erhitzen und aus dem Teig 4 dünne Pfannkuchen backen. Den Käse in 4 Scheiben schneiden. Auf jeden Pfannkuchen seitlich eine Scheibe Käse legen, den Pfannkuchen einmal zur Hälfte, dann zu einem Viertel zusammenklappen. Die gefüllten Pfannkuchen kurz im Backofen bei 100 °C oder in der Mikrowelle erwärmen, bis der Käse leicht geschmolzen ist. Mit den Erdbeeren auf Desserttellern anrichten und mit den Mandelblättchen bestreuen.

Köstliche Schokoladendesserts

Fürst-Pückler-Terrine

Für 4 bis 6 Portionen

Für die Erdbeeren:
500 g Erdbeeren
3 EL Zucker
1 Blatt rote Gelatine
50 ml süße Sahne
2 EL Himbeergeist

Für die Frischkäse schicht:
1 Blatt weiße Gelatine
200 g Doppelrahmfrischkäse
1 Päckchen Vanillezucker
3 EL Zucker
3 EL Zitronensaft
1 EL Orangenlikör (z. B. Cointreau)
100 ml süße Sahne

Für die Nugatschicht:
2 Blatt weiße Gelatine
1 Ei (Größe L)
4 EL Zucker
100 g Nugat
20 g Butter
1 EL Cognac
100 ml süße Sahne

Für die Garnitur:
20 g weiße Schokolade
20 g bittere Schokolade
Puderzucker zum Bestäuben
2 Stängel Pfefferminze

Die Erdbeeren putzen, 8 oder 12 schöne Früchte zum Garnieren beiseite legen. 150 Gramm Erdbeeren klein schneiden und mit dem Zucker mischen. Die restlichen Erdbeeren in Stücke schneiden und bis zum Garnieren kühl stellen. Die rote Gelatine in kaltem Wasser einweichen. Die gezuckerten Erdbeeren pürieren und durch ein Sieb streichen. Die Sahne steif schlagen. Die Gelatine ausdrücken, bei milder Hitze in dem Himbeergeist auflösen und unter das Püree rühren. Die Sahne unterheben. Die Erdbeermasse in eine längliche Form (1 Liter Inhalt) gießen, kühlen.

Für die Frischkäseschicht die weiße Gelatine kalt einweichen. Frischkäse, Vanillezucker, Zucker und Zitronensaft glatt rühren. Die Gelatine ausdrücken, bei milder Hitze in dem Likör auflösen, etwa 2 Esslöffel Frischkäsecreme einrühren und rasch mit der restlichen Frischkäsecreme verrühren. Die Sahne steif schlagen und unterheben. Diese Masse auf die fest gewordene Erdbeercreme streichen. Erneut kühl stellen.

Für die Nugatschicht die Gelatine in kaltem Wasser einweichen. Das Ei trennen. Das Eiweiß kühl stellen. Das Eigelb mit dem Zucker in einem Schneekessel im Wasserbad schaumig rühren. Nugat würfeln und mit der Butter darin schmelzen lassen. Die Gelatine ausdrücken, in dem Cognac bei milder Hitze verflüssigen und mit der warmen Eicreme mischen. Den Schneekessel in eine Schüssel mit kaltem Wasser setzen und die Creme kalt schlagen. Eiweiß und Sahne getrennt steif schlagen und unter die Nugatcreme heben. Diese auf die fest gewordene Frischkäsecreme streichen. Die Terrine abdecken und im Kühlschrank in etwa 5 Stunden fest werden lassen.

Für die Garnitur jede Schokolade separat schmelzen. Die Hälfte der schönen Erdbeeren halb in die weiße, die restlichen Erdbeeren halb in die dunkle Schokolade tauchen und auf Alufolie fest werden lassen. Mit der restlichen flüssigen Schokolade auf Dessertteller am Rand kleine Schokotupfen anbringen. Die Form kurz in heißes Wasser tauchen, die Terrine stürzen und in Scheiben schneiden. Mit den in Schokolade getauchten Erdbeeren und den Erdbeerstücken auf den Tellern anrichten, mit Puderzucker bestäuben, mit Minze garnieren.

Pfannkuchentorte mit Kakisauce

Für 6 Portionen

Für die Pfannkuchen:
3 Eier
1 Prise Salz
1 Päckchen Vanillezucker
1 EL Zucker
4 EL Mehl
1 EL Kakaopulver
1 TL Speisestärke
etwa 125 ml Ananassaft
2 EL flüssige Butter
Butterschmalz

Für die Mascarponecreme:
4 Blatt weiße Gelatine
30 g Zartbitter-Schokolade
50 g kandierte Ananas
4 Eier, 100 g Puderzucker
4 EL Rum
250 g Mascarpone
1 EL Kakaopulver
150 ml süße Sahne

Für die Kakisauce:
3-4 reife Kakis
½ unbehandelte Orange
½ unbehandelte Zitrone
2 EL Honig

Für die Schokoladenblätter:
200 g Zartbitter-Kuvertüre
verschiedene Blätter (Efeu, Lorbeer, Buche, Ahorn)

Für die Garnitur:
4 EL Zucker
6 frische Feigen
2 Vanilleschoten (nach Belieben)

Für die Pfannkuchen die Eier mit Salz, Vanillezucker, Zucker, Mehl, Kakao, Speisestärke und Ananassaft glatt rühren. Die Butter unterrühren und den Teig 30 Minuten ausquellen lassen. Nach Bedarf noch etwas Wasser oder Ananassaft zum Teig geben. Etwas Butterschmalz in einer Pfanne von etwa 20 Zentimeter Durchmesser erhitzen und aus dem Teig nacheinander 5 bis 6 Pfannkuchen backen. Die Pfannkuchen auskühlen lassen.

Für die Creme die Gelatine in kaltem Wasser einweichen. Die Schokolade raspeln, die Ananasstücke fein würfeln. Eier trennen. Das Eiweiß kühl stellen. Eigelbe mit etwa 75 Gramm Puderzucker schaumig rühren. Rum, Mascarpone und Kakao untermischen. Gelatine ausdrücken und bei milder Hitze auflösen. Schokoraspel, Ananasstücke und Gelatine unter die Mascarponecreme rühren. Das Eiweiß mit dem restlichen Zucker steif schlagen. Sahne steif schlagen. Zuerst den Eischnee, dann die Schlagsahne unterheben. Die Creme 1 Stunde kühlen.

Die Pfannkuchen mit der Creme zu einer Torte aufschichten, die letzte Schicht soll ein Pfannkuchen sein. Die Torte 4 bis 6 Stunden kühl stellen.

Für die Sauce die Kakis vierteln, und das Fruchtfleisch in eine Schüssel löffeln. Orange und Zitrone heiß waschen, trockenreiben und die Schale zu den Kakis reiben. Die halben Früchte ausdrücken, den Saft mit dem Honig zu den Kakis geben und glatt rühren.

Für die Schokoladenblätter die Kuvertüre bei milder Hitze verflüssigen. Nacheinander die Naturblätter mit der Oberseite in die Kuvertüre drücken, auf Alufolie ablegen und fest werden lassen. Die Naturblätter ablösen.

Für die Garnitur den Zucker mit 1 Esslöffel Wasser 2 Minuten kochen. Die Feigen längs halbieren und mit dem Sirup bestreichen. Die Vanilleschoten quer durchschneiden und als Stiel in 4 halbierte Feigen stecken.

Zum Servieren die Torte aufschneiden, etwas Sauce und Feigen dazugeben und mit den Schokoladenblättern und Mascarponecremetupfen garnieren.

Spekulatiusmousse mit Rumfrüchten

Für 6 Portionen

Für die Rumfrüchte:
250 g Erdbeeren
12 Kirschen
1 Pfirsich
1 Babyananas
12 Himbeeren
250 g Zucker
400 ml brauner Rum

Für die Mousse:
200 g weiße Schokolade
100 g Butter
4 Eigelbe
1 TL Spekulatiusgewürz
½ TL Zimt
200 ml süße Sahne

Für die Rumfrüchte ein paar Tage vor dem Servieren die Erdbeeren und die Kirschen putzen, waschen und abtropfen lassen. Den Pfirsich halbieren, Kern und Haut entfernen. Die Ananas schälen. Sowohl den Pfirsich als auch die Ananas in mundgerechte Stücke schneiden. Die Himbeeren verlesen. Die Früchte bis auf die Himbeeren mit einem Holzspieß mehrmals einstechen und alle Früchte mit dem Zucker mischen. Die Früchte in ein schmales, hohes Gefäß geben und erst mit dem Rum begießen, wenn sich der Zucker gelöst hat. Die Rumfrüchte abgedeckt bei Zimmertemperatur 2 bis 5 Tage durchziehen lassen.

Für die Mousse die Schokolade grob hacken und in einem Topf bei milder Hitze verflüssigen. Die Butter in Stückchen einarbeiten. Die Eigelbe in einer Schüssel mit den Gewürzen leicht verrühren und esslöffelweise unter die Schokoladenmasse mischen; Schokoladenmasse und Ei müssen die gleiche Temperatur aufweisen. Den Topf mit der Schokoladencreme in eine Schüssel mit eiskaltem Wasser setzen und die Creme kalt schlagen. Die Sahne steif schlagen und unter die abgekühlte Schokoladencreme heben. Die Mousse im Kühlschrank in 3 bis 5 Stunden fest werden lassen.

Zum Servieren von der Mousse Nocken abstechen und mit den Rumfrüchten anrichten.

Der Rumtopf wird im Frühjahr mit den ersten süßen Erdbeeren angesetzt. 400 bis 500 Gramm geputzte Erdbeeren mit 400 bis 500 Gramm feinem Zucker und so viel braunem Rum (54 Vol.-%) in einem großen Keramikgefäß (Rumtopf mit Deckel) mischen, bis die Früchte mit Rum bedeckt sind. Nach und nach im Lauf des Jahres entkernte Aprikosen, Himbeeren, Brombeeren, klein geschnittene Pfirsche oder Nektarinen, Süß- oder Sauerkirschen mit Kern, entkernte Pflaumen und Birnenstücke mit der gleichen Menge Zucker hinzufügen und mit hochprozentigem Rum begießen. An einem kühlen Ort lagern. Am 6. Dezember darf der Rumtopf probiert werden, obwohl er schon früher gut schmeckt.

Zebradessert

Für 6 bis 8 Portionen

200 g weiße Schokolade
180 g Herrenschokolade
200 g Butter
2 EL Mehl
6 Eier
125 g Zucker
1 Prise Salz
1 Päckchen Vanillezucker
2 EL Orangenlikör (z. B. Cointreau)
2 EL sehr guter Malt-Whiskey

Butter und Mehl für die Form

Tipp:
Servieren Sie zu dem Dessert eine Vanillesauce oder eine Fruchtsauce aus Kirschen, Pfirsichen, Orangen, Ananas oder Mango.

Die Schokoladen getrennt voneinander zerkleinern und jeweils mit 100 Gramm Butter bei milder Hitze auflösen. Etwas mehr als 1 Esslöffel Mehl mit der hellen Creme mischen, das restliche Mehl mit der dunklen Creme verrühren.
Die Eier kurz mit Zucker und Salz durchrühren. Jeweils die Hälfte zur hellen und dunklen Creme geben und verrühren. Die helle Creme mit dem Vanillezucker und dem Orangenlikör, die dunkle mit dem Wishkey aromatisieren.
Den Backofen auf 150 °C (Gas Stufe 1-2, Umluft nicht geeignet) vorheizen. Eine Kastenform (22 bis 25 cm Länge) mit Butter einfetten, mit Mehl bestäuben und die Massen abwechselnd einfüllen. Das Dessert im Wasserbad garen. Dafür die Kastenform in einer großen Schale in den Backofen stellen und so viel heißes Wasser angießen, dass die Kastenform zur Hälfte im Wasser steht. Das Dessert im Wasserbad in 70 bis 80 Minuten stocken lassen. Im ausgeschalteten Backofen bei geöffneter Tür 20 bis 30 Minuten ruhen lassen. Das abgekühlte Dessert mit Vanillesauce oder Früchten anrichten.

Ein modernes bitterzartes Märchen erlebten wir 2001 im Kino. Die Geschichte stammt von Joanne Harris, Lasse Hallström hat sie in Szene gesetzt. Und so beginnt´s: Es war einmal ein kleiner stiller Ort mitten auf dem Lande in Frankreich, als der Nordwind eine Mutter und ihre kleine Tochter in das fromme Städtchen führte. Zuerst gewinnt Juliette Binoche die Gunst der argwöhnischen Bewohner mit ihren sündhaft guten Schokoladenkreationen. Dann landet der Flusszigeuner Johnny Depp im Städtchen und betört die Meisterin der Schokolade mit seinem Charme. Oder war es Juliette, die Johnny mit ihrer Trinkschokolade verführt? Nach allerlei Verwirrungen und Irrungen, Flüchen und Feuersbrünsten gibt es ein süßes Happyend.

Schokoladen-Baiser-Würfel

Für 6 bis 8 Portionen

Für die Creme:
175 g Zartbitter-Schokolade
250 ml süße Sahne
2 EL Kirschwasser

Für den Baiserboden:
25 g Zartbitter-Schokolade
4 Eiweiße
1 Prise Salz
1 TL Zitronensaft
250 g Zucker
1 TL Speisestärke
2 EL Kakaopulver

Für den Guss:
100 g Zartbitter-Schokolade
4 EL Zucker
6 EL Kaffee
etwas Goldflitter

Für die Garnitur:
500 g Kirschen
50 g Zucker
etwas Zitronensaft
4 EL Kirschwasser
1 Eiweiß
etwas Hagelzucker oder Raffinade

Tipp:
Essbares Blattgold (etwa 21 Karat) erhalten Sie in Geschäften für den Künstlerbedarf. In Feinkostgeschäften werden auch kleine Tütchen mit Glattgoldfiguren und Goldflitter angeboten.

Für die Creme die Schokolade grob zerkleinern. Die Sahne mit der Schokolade bei milder Hitze so lange erwärmen, bis sie leicht cremig ist. Abkühlen und im Kühlschrank in 6 bis 8 Stunden fest werden lassen. Das Kirschwasser in die Schokoladensahne einrühren und diese mit einem elektrischen Handrührgerät schaumig aufschlagen.

Für den Baiserboden die Schokolade fein reiben. Das Eiweiß mit Salz und Zitronensaft halb steif schlagen, den Zucker unter Rühren einrieseln lassen und den Eischnee ganz steif schlagen. Die Schokolade, die Speisestärke und den gesiebten Kakao unter den Eischnee heben. Den Backofen auf 100 °C (Gas Stufe 1, Umluft 80 °C) vorheizen. Ein Backblech mit Backpapier auslegen und die Baisermasse darauf streichen. Auf der mittlere Schiene in etwa 90 Minuten bei leicht geöffneter Backofentür trocknen lassen. Den Baiserboden auf einem Kuchengitter auskühlen lassen.
Gut die Hälfte des Baiserbodens zu dem größstmöglichen Quadrat schneiden. Den restlichen Baiser zerbröseln. Den Baiserboden mit der Hälfte des Schokoladensahne bestreichen. Die zerbröselten Baisers darauf verteilen und mit der restlichen Schokoladensahne abdecken. Im Kühlschrank in etwa 4 Stunden fest werden lassen.

Für den Guss die Schokolade zerkleinern und mit Zucker und Kaffee bei milder Hitze cremig rühren. Abgekühlt, aber noch streichbar über die Schokoladensahne verteilen. Mit Goldflitter bestreuen. Das Dessert 1 bis 2 Stunden kühl stellen.

Für die Garnitur die Kirschen waschen, 8 Früchte beiseite legen und die anderen entkernen und grob hacken. Mit dem Zucker erhitzen, pürieren und durch ein Sieb streichen. Das Kirschpüree mit Zitronensaft und Kirschwasser würzen. Die zurückgelegten Kirschen zur Hälfte ins Eiweiß tauchen und in etwas Zucker wälzen.

Zum Servieren das Dessert mit einem in heißes Wasser getauchtes Messer in kleine Quadrate schneiden. Etwas Kirschpüree auf Dessertteller verteilen, die Schokoladen-Baiser-Würfel dazusetzen und mit den Kirschen garnieren.

Schokoladentörtchen mit Aprikosensauce

Für 4 bis 6 Portionen

Für die Schokoladentörtchen:
50 g Herrenschokolade
100 g Schoko-Riesen (Bonbons)
125 ml süße Sahne
50 g Butter
1 TL Lebkuchengewürz
125 g gemahlene Haselnüsse
125 g Rumrosinen (Fertigprodukt)
4 Eier
3 EL brauner Zucker
2 EL Kakaopulver
1 EL Mehl
1 Prise Salz
Butter für die Förmchen
Paniermehl für die Förmchen

Für die Aprikosensauce:
200 g weiche getrocknete Aprikosen
125 ml Orangensaft
2 EL Apricot Brandy
etwas Zitronensaft

Für die Garnitur:
20 g weiße Schokolade
20 g Zartbitter-Schokolade

Für die Törtchen die Schokolade reiben und die Bonbons klein schneiden. Die Sahne mit der Butter erhitzen und die Schokolade und die Bonbons darin bei milder Hitze cremig rühren. Zum Abkühlen beiseite stellen.
Die Schokoladencreme mit dem Lebkuchengewürz und den Haselnüssen mischen. 100 Gramm Rumrosinen grob hacken und zur Schokoladencreme geben.
Die Eier trennen. Das Eiweiß kühl stellen. Die Eigelbe und mit dem Zucker schaumig rühren. Das Kakaopulver und das Mehl dazusieben und untermischen. Die Eigelbmasse mit der Schokoladencreme mischen. Das Eiweiß mit etwas Salz steif schlagen und unter die Creme heben.
Den Backofen auf 180 °C (Gas Stufe 2-3, Umluft 160 °C) vorheizen. 4 bis 6 kleine feuerfeste Förmchen mit Butter einfetten und mit etwas Paniermehl bestäuben. Die Schokoladenmasse einfüllen und im heißen Backofen auf der mittleren Schiene in 25 bis 30 Minuten backen.

Für die Sauce die Aprikosen in dem Orangensaft erwärmen und abkühlen lassen. 4 Esslöffel Saft in einem Schälchen beiseite stellen. Die Aprikosen mit dem restlichen Saft mit einem Mixstab pürieren und mit Apricot Brandy und etwas Zitronensaft würzen. Nach Bedarf noch etwas Orangensaft einrühren.

Zum Servieren die lauwarmen Schokoladentörtchen auf Dessertteller stürzen und etwas Sauce zugeben. Die restlichen Rumrosinen darüber verteilen. Von den Schokoladenriegeln mit einem Sparschäler Locken abziehen und über das Dessert streuen.

Dieses Dessert lässt sich leicht abwandeln. Statt der Haselnüsse können Sie auch gemahlene Walnüsse, Mandeln oder eine Mischung davon verwenden. Die fertig gebackenen Törtchen lassen sich übrigens gut einfrieren. In 3 bis 4 Stunden sind sie bei Zimmertemperatur aufgetaut und können im Backofen oder in der Mikrowelle kurz erwärmt werden. Nicht nur Aprikosensauce, die auch mit frischen Aprikosen hergestellt werden kann, passt gut zu diesem Dessert. Versuchen Sie pürierte Ananas oder Mango, Pfirsichsauce oder Kirschkompott, sie alle harmonieren gut mit den Törtchen.

BOLS
APRICOT

Beschwipste Schokoladendesserts

Schokoladen-fondue

Für 6 Portionen

100 g weiße Schokolade
100 g Zartbitter-Schokolade
400 ml süße Sahne
4 EL Apricot Brandy
4 EL Rum
1 Pfirsich
4 Aprikosen
2 Bananen
1 Babyananas
250 g Erdbeeren
1 Kiwi
200 g große Weintrauben
250 g Sandkuchen (Fertigprodukt)
40 g Mandelblättchen
40 g gehackte Pistazien

Schokoladen-flammeri

250 ml Milch
250 ml süße Sahne
1 Päckchen Schokoladenpuddingpulver
1 TL Kakaopulver
4 EL Zucker
4 EL Sahne-Whiskey-Likör (z. B. Baileys)

2 kleine Eigelbe
75 g Puderzucker
½ Päckchen Vanillezucker
125 ml Weinbrand

Schokoladenfondue

Die Schokoladen getrennt voneinander grob hacken und jeweils mit 200 Milliliter Sahne bei milder Hitze unter Rühren verflüssigen. Die helle Sauce mit Apricot Brandy, die dunkle Schokoladensauce mit dem Rum verrühren. Beide Saucen warm halten.
Den Pfirsich und die Aprikosen halbieren, Kerne und Haut entfernen und das Fruchtfleisch in Spalten schneiden. Die Bananen und die Ananas schälen und jeweils in mundgerechte Stücke schneiden. Die Erdbeeren putzen, waschen, abtropfen lassen und größere Früchte halbieren. Die Kiwi schälen, längs halbieren und in dicke Scheiben schneiden. Die Trauben putzen, waschen und abtropfen lassen. Alle Früchte auf einer Platte anrichten.
Den Sandkuchen würfeln. Die Mandeln in einer fettfreien Pfanne rösten und in ein Schälchen füllen, ebenso die Pistazien.
Die Früchte und die Kuchenstücke aufspießen, in Schokoladensauce tauchen, mit Mandeln oder Pistazien bestreuen und genießen. Wenn Kinder mitessen, verzichten Sie auf den Alkohol.

Schokoladenflammeri

Die Milch mit der Sahne mischen. Von der Mischung 5 Esslöffel abnehmen und mit dem Puddingpulver, dem Kakao und dem Zucker glatt rühren. Die restliche Milch-Sahne-Mischung zum Kochen bringen. Das angerührte Puddingpulver einrühren und den Pudding kurz aufkochen lassen. Vom Herd nehmen und den Likör einrühren. Kleine Förmchen mit kaltem Wasser ausspülen und den Flammeri hineingießen. Die Förmchen mit Frischhaltefolie abdecken und die Zubereitung vollständig erkalten lassen.
Für den Eierlikör die Eigelbe mit dem Puderzucker und dem Vanillezucker in einen Schneekessel geben und im Wasserbad schaumig rühren. Den Schneekessel sofort in eine Schüssel mit eiskaltem Wasser setzen und die Creme so lange weiter schlagen, bis sie abgekühlt ist. Den Weinbrand einrühren.
Zum Servieren die Flammeris stürzen und mit dem Eierlikör übergießen.

Schokoladentarte mit Weinbrandkirschen

Für 6 bis 8 Portionen

Für die Weinbrandkirschen:
500 g Kirschen
200 ml Weinbrand
½ Vanilleschote
100 g Zartbitter-Kuvertüre
etwas Goldflitter

Für den Knusperboden:
4 EL Zucker
50 g gehackte Mandeln
80 g Butter
200 g Marzipanrohmasse
2 EL Weinbrand
100 g Zartbitter-Kuvertüre

Für die Schokoladencreme:
3 Blatt weiße Gelatine
4 Eier
65 g Puderzucker
2 EL Weinbrand
500 g Zartbitter-Kuvertüre
600 ml süße Sahne

Für den Überzug:
200 ml süße Sahne
50 ml Mandellikör (z. B. Amaretto)
250 g Zartbitter-Kuvertüre

Für die Garnitur:
40 g weiße Schokolade

Tipp:
Verwenden Sie statt des Knusperbodens zerbröselte Schokoladenkekse, die Sie mit Butter mischen.

Für die Weinbrandkirschen eine Woche zuvor die Kirschen waschen, abtropfen lassen, mit einem Holzspießchen rundherum einstechen und mit dem Weinbrand begießen. Die Vanilleschote aufschneiden, das Mark heraussschaben und beides zu den Kirschen geben. Im geschlossenen Gefäß mindestens 7 Tage durchziehen lassen.
Vor der Zubereitung des Desserts die Kirschen trockentupfen. Den Weinbrand aufheben. Die Kuvertüre klein schneiden, bei milder Hitze verflüssigen und die Kirschen zur Hälfte in die Kuvertüre tauchen. Die Spitzen sofort mit etwas Goldflitter bestreuen.

Für den Boden den Zucker zu einem hellen Karamell schmelzen. Die Mandeln und 1 Esslöffel Butter zugeben und vermengen. Die Mischung auf Alufolie geben und fest werden lassen. Den Krokant klein hacken. Die Marzipanrohmasse klein schneiden und mit Weinbrand, der restlichen Butter und dem Krokant verkneten. Die Kuvertüre mittelfein raspeln und untermischen. Eine Springform (28 cm Durchmesser) mit Frischhaltefolie auskleiden. Die Masse auf den Boden der Form drücken und kühl stellen.

Für die Creme die Gelatine in kaltem Wasser einweichen. Die Eier trennen. Das Eiweiß kühl stellen. Die Eigelbe mit dem gesiebten Puderzucker und dem Weinbrand in einen Schneekessel geben und im Wasserbad schaumig rühren. Die Kuvertüre klein schneiden, bei milder Hitze schmelzen und mit der Eicreme verrühren. Die Gelatine ausdrücken, bei milder Hitze auflösen und mit der Schokoladencreme verrühren. Das Eiweiß und die Sahne getrennt steif schlagen. Erst den Eischnee, dann die Sahne unter die Creme heben. Die Creme auf den Tarteboden streichen und im Kühlschrank in 3 bis 4 Stunden fest werden lassen.

Für den Überzug die Sahne mit dem Mandellikör erhitzen. Die Kuvertüre klein schneiden und in der Sahne bei milder Hitze verflüssigen. Den Überzug 1 bis 2 Stunden kühl stellen. Abgekühlt, aber streichfähig über die aus der Form gelöste Tarte geben und glatt streichen.

Für die Garnitur die weiße Schokolade mit einem Gemüsehobel in Späne hobeln und üppig über die Tarte streuen. Mit den Weinbrandkirschen garnieren.

Schokoladencrêpes mit Apfelsauce

Für die Schokoladencrêpes:
4 Eier
75 g Mehl
2 EL Kakaopulver
etwa 250 ml Milch
2 EL flüssige Butter
1 Prise Salz
1 EL Zucker
40 g Mandelblättchen
Butterschmalz zum Braten

Für die Füllung:
250 ml Milch
½ Päckchen Vanillepuddingpulver
50 g Zucker
2 Eigelbe
100 g Quark (20 % Fett)
etwas geriebene Zitronenschale
4 Stück Borkenschokolade

Für die Apfelsauce:
2 Äpfel
1 Stück frischer Ingwer
250 ml Apfelsaft
4 EL Zucker
1 Päckchen Vanillezucker
1 TL Speisestärke
2 Stängel Zitronenmelisse

Für die Garnitur:
125 ml süße Sahne
1 EL Zucker
½ TL Zimt
Puderzucker zum Bestäuben

Für die Crêpes 1 Ei trennen, das Eiweiß kühl stellen. Das Eigelb und die restlichen Eier mit Mehl, Kakaopulver, Milch, Butter, Salz und Zucker glatt rühren. Den Teig 30 Minuten bei Zimmertemperatur ausquellen lassen. Bei Bedarf noch etwas Milch dazugießen. Das Eiweiß steif schlagen. Den Eischnee und die Mandelblättchen unter den Teig ziehen.
Etwas Butterschmalz in einer Pfanne erhitzen und aus dem Teig 4 dünne Crêpes backen. Die Crêpes übereinander legen und warm halten.

Für die Füllung von der Milch 3 Esslöffel abnehmen und mit dem Puddingpulver glatt rühren. Die restliche Milch mit dem Zucker in einem Topf zum Kochen bringen. Das angerührte Puddingpulver einrühren und einmal aufkochen lassen. Die Eigelbe in einer Tasse glatt rühren und in den heißen Pudding einrühren. Den Pudding 30 Minuten beiseite stellen. Den Quark und die Zitronenschale einrühren. Den Pudding mit Frischhaltefolie abdecken und abkühlen lassen. Die Borkenschokolade zerkleinern und unter den abgekühlten Pudding mischen.

Für die Sauce die Äpfel schälen, entkernen und klein würfeln. Den Ingwer schälen, erst in dünne Scheiben, dann in winzige Würfel schneiden; es wird gut 1 Esslöffel benötigt. Den Apfelsaft zum Kochen bringen und 2 Minuten sprudelnd kochen lassen. Apfelwürfel, Ingwer, Zucker und Vanillezucker zugeben und 2 bis 3 Minuten garen. Die Speisestärke mit 4 Esslöffel Wasser glatt rühren, zu den Äpfeln gießen und alles einmal aufkochen lassen. Die Melisseblätter von den Stielen zupfen, in feine Streifen schneiden und unter die lauwarme Apfelsauce mischen.

Für die Garnitur die Sahne mit Zucker und Zimt steif schlagen und in einen Spritzbeutel mit Sterntülle füllen. Die Crêpes mit dem Pudding bestreichen und aufrollen. Mit der Sauce auf Tellern anrichten und mit Puderzucker bestäuben. Die Sahne in Tupfen auf die Teller spritzen.

Statt der Apfelsauce können Sie eine Fruchtsauce aus Birnen und Birnensaft oder Pflaumen und verdünnten Pflaumensaft zu den gefüllten Crêpes reichen. Statt Schlagsahne schmeckt auch Vanille- oder Apfeleis dazu.

Gefüllte Fondanttörtchen

Für die Vanillesauce:
250 ml süße Sahne
1 Vanilleschote
4 Eigelbe
4 EL Zucker
1 Prise Salz
1 Päckchen Vanillezucker
4 Kugeln Vanilleeiscreme

Für die Törtchen:
100 g Zartbitter-Schokolade
100 g Butter
125 g Puderzucker
1 EL Weinbrand
2 EL gemahlene Mandeln
1 EL Mehl
2 Eier
Butter für die Förmchen
12 Schokoladen-Mokkabohnen

Für die Garnitur:
1 Orange
1 gelbe Grapefruit
4 EL Puderzucker
12 Amarenakirschen

Für die Sauce die Sahne zum Kochen bringen. Die Vanilleschote längs aufschneiden, das Mark herausschaben und mit der Schote zur Sahne geben. Die Eigelbe mit Zucker, Salz und Vanillezucker schaumig rühren. Die Sahne vom Herd nehmen und die Eigelbmasse einrühren. Den Topf wieder auf den Herd stellen und bei milder Hitze die Creme so lange unter Rühren erwärmen, bis sie dicklich ist. Die Vanillecreme abgedeckt abkühlen lassen.

Für die Törtchen die Schokolade klein schneiden und mit Butter, Puderzucker und Weinbrand bei milder Hitze erwärmen, bis sie geschmolzen ist. Die Mandeln mit dem Mehl mischen. Die Eier in einer kleinen Schüssel verrühren. Die Mandel-Mehl-Mischung und die Eier mit der Schokoladenmasse gut verrühren. 4 feuerfeste Förmchen mit etwas Butter einfetten. Die Schokoladenmasse zur Hälfte einfüllen. Jeweils 3 Schokoladen-Mokkabohnen in die Mitte legen und mit der restlichen Schokoladenmasse abdecken.
Den Backofen auf 190 °C (Gas Stufe 3, Umluft 170 °C) vorheizen. Die Förmchen mit Alufolie abdecken. In eine feuerfeste Schale stellen und so viel heißes Wasser in die Schale gießen, dass die Förmchen zur Hälfte im Wasser stehen. Die Schale in den Backofen stellen und die Masse in 40 bis 50 Minuten garen; das Wasser soll dabei nur sieden, nicht kochen. Die Törtchen etwas abkühlen lassen.

Für die Garnitur die Orange und die Grapefruit wie Äpfel schälen. Mit einem scharfen Messer zwischen die Trennhäute schneiden und die Filets lösen. Die Fruchtrückstände über den Zitrusfilets ausdrücken und mit 3 Esslöffel gesiebtem Puderzucker mischen.
Die lauwarmen Fondanttörtchen auf 4 Dessertteller stürzen und mit dem restlichen Puderzucker bestäuben. Die Zitrusfilets mit den Amarenakirschen dazusetzen. Die Vanilleschote aus der Creme entfernen und rasch das Eis einrühren. Etwas dieser Vanillesauce zum Dessert gießen, den Rest getrennt dazu reichen.

Umgekehrt schmeckt´s auch gut: Füllen Sie den Schokoladenfondant mit jeweils eine Amarenakirsche und garnieren Sie das Dessert mit Schokoladen-Mokkabohnen.

Schokoladen-Maultaschen mit Orangen

Für die Maultaschen:
125 g Mehl
2 EL Hartweizengrieß
50 g Kakaopulver
Salz
etwas geriebene Orangenschale
1 Ei
1 Eiweiß
1 EL Sonnenblumenöl
Mehl zum Bearbeiten
1 Eiweiß zum Bestreichen
2 EL gehackter Ingwer für das Kochwasser

Für die Füllung:
2 EL gehackte Mandeln
75 g kandierte Orangenscheiben
50 g Herrenschokolade
150 g Magerquark, ausgedrückt
2 EL flüssige Butter
1 Eigelb
etwas Zitronensaft

Für die Orangenfilets:
2 unbehandelte Orangen
2 EL Zucker
2 EL Orangenlikör (z. B. Cointreau)
2 EL Butter

Für die Garnitur:
200 ml süße Sahne
1 Päckchen Vanillezucker
40 g gemahlene Pistazien

Für den Teig das Mehl in einer Schüssel mit Grieß, Kakao, etwas Salz und etwas Orangenschale mischen. Ei und Eiweiß verrühren und mit dem Öl zum Mehl geben. Alles 10 Minuten kneten, bis der Teig elastisch ist und glänzt. Bei Bedarf einige Tropfen Wasser zugeben. Den Teig in Frischhaltefolie wickeln und 1 Stunde ruhen lassen.

Für die Füllung die Mandeln in einer fettfreien Pfanne goldgelb rösten und abkühlen lassen. Die Orangenscheiben fein hacken oder im Blitzhacker zerkleinern. Die Schokolade grob reiben. Den Quark mit Mandeln, Orangen, Schokolade, Butter, Eigelb und Zitronensaft verrühren.

Für die Maultaschen den Teig in einer Nudelmaschine oder auf einer bemehlten Arbeitsfläche sehr dünn ausrollen. Auf die Hälfte des ausgerollten Teiges mit einem Teelöffel kleine Häufchen Füllung so aufsetzen, dass die Abstände zum Rand und zueinander gleich sind. Die freien Teigstellen mit leicht angeschlagenem Eiweiß bestreichen. Die andere Hälfte des ausgerollten Teiges passgenau auflegen. Mit einem runden oder eckigen Ausstecher Maultaschen ausstechen. Reichlich Wasser mit Ingwer und wenig Salz aufkochen. Die Maultaschen einlegen, die Hitze reduzieren und die Maultaschen gar ziehen lassen. Sobald sie nach oben steigen noch für weitere 2 Minuten garen. Herausnehmen und warm stellen.

Für die Filets die Orangen heiß waschen und trockenreiben. Die Schalen in Streifen abziehen und in wenig Wasser mit dem Zucker 5 Minuten garen, abgießen und abtropfen lassen. Die Orangen wie Äpfel schälen und die Filets zwischen den Trennwänden auslösen. Die Fruchtrückstände über einem kleinen Topf ausdrücken. Den Saft mit dem Likör erwärmen und die Orangen und die Butter zugeben. Warm halten.

Für die Garnitur die Sahne mit dem Vanillezucker steif schlagen und die Pistazien einrühren. In einen Spritzbeutel mit großer Sterntülle füllen.

Zum Servieren die Maultaschen auf Dessertteller verteilen. Die Orangenfilets mit Sauce dazu anrichten. Die Sahne in kleinen Tupfen auf den Tellerrand spritzen. Mit Schalenstreifen garnieren.

Schokoladenstrudel mit Rhabarber

Für den Strudelteig:
200 g Mehl
1 EL Kakaopulver
1 Ei
½ TL Salz
10 bis 12 EL flüssige Butter
5 EL gemahlene Mandeln
Mehl zum Bearbeiten

Für die Füllung:
100 g Zartbitter-Schokolade
4 Scheiben Ananas (Dose)
1 Stück frischer Ingwer
200 g Magerquark
200 g Doppelrahmfrischkäse
4 Eier
125 g Zucker
1 Prise Salz
1 TL geriebene Zitronenschale
4 EL gehackte Mandeln

Für das Kompott:
500 g Rhabarber
200 g Erdbeeren
125 ml roter Johannisbeersaft
75 g Zucker
1 Zimtstange
1 Sternanis

Für die Garnitur:
Puderzucker zum Bestäuben
4 TL gehackte Pistazien

Für den Teig das Mehl mit dem Kakao in eine Schüssel sieben. Das Ei in einer Tasse verrühren und mit Salz, 2 Esslöffel Butter und 8 Esslöffel Wasser zugeben. Den Teig etwa 10 Minuten kneten, bis er elastisch ist. Den Teig unter einer mit heißem Wasser ausgespülten Schüssel 30 Minuten ruhen lassen.

Für die Füllung die Schokolade grob raspeln. Die Ananasscheiben trockentupfen und in feine Streifen schneiden. Den Ingwer schälen und fein hacken; es werden 2 Esslöffel benötigt. Den Quark mit dem Frischkäse glatt rühren. Die Eier trennen. Die Eigelbe mit 100 Gramm Zucker schaumig rühren. Das Eiweiß mit etwas Salz und dem restlichen Zucker steif schlagen. Die Eigelbmasse mit Zitronenschale, Mandeln und Quark mischen. Ananas und Ingwer untermischen. Den Eischnee und die Schokolade unter die Quarkmasse heben.

Für den Strudel den Backofen auf 220 °C (Gas Stufe 4, Umluft 200 °C) vorheizen. Ein Backblech mit Backpapier auslegen. Den Teig auf einem großen bemehlten Tischtuch dünn ausrollen und mit flüssiger Butter bestreichen. Den Teig vorsichtig mit den Handrücken so dünn wie möglich auseinanderziehen. Dicke Teigränder wegschneiden. Den Teig mit den gemahlenen Mandeln bestreuen. Die Quarkmasse auf eine Teighälfte streichen und dabei die Ränder frei lassen. Den Strudel mit Hilfe des Tuches aufrollen. Mit der Naht nach unten auf das Backblech legen und die Enden nach unten schieben. Den Strudel mit Butter bestreichen. Auf der mittleren Schiene im Backofen 10 Minuten backen, dann die Temperatur auf 200 °C verringern und in 20 bis 35 Minuten fertig backen. Zwischendurch öfter mit flüssiger Butter bestreichen.

Für das Kompott den Rhabarber putzen und in Stücke schneiden. Die Erdbeeren putzen und klein schneiden. Den Rhabarber in dem Saft mit Zucker, Zimt und Sternanis weich kochen, aber nicht zerfallen lassen. Die Erdbeeren zugeben und das Kompott abkühlen lassen.

Zum Servieren den lauwarmen Strudel dick mit Puderzucker bestäuben und mit Pistazien bestreuen. Mit dem Kompott anrichten.

Schokoladenparfait mit Pecannuss-Sauce

Für 6 Portionen

Für das Parfait:
4 EL Kakaopulver
2 Prisen gemahlener Kardamom
75 g Zartbitter-Schokolade
2 EL Kaffeelikör (z. B. Kahlua)
2 Eier
3 Eigelbe
125 g Zucker
1 Päckchen Vanillezucker
400 ml süße Sahne

Für die Rotweinbirnen:
2 feste Birnen
4 EL Zucker
1 Glas kräftiger Rotwein
1 Glas roter Portwein
2 EL Birnenbrand

Für die Sauce:
5 weiche Sahne-Karamell-Bonbons
75 g Pecannusskerne
75 g Zucker
2 EL Butter

Für die Garnitur:
1 Karambole (Sternfrucht)
50 g Zartbitter-Kuvertüre
etwas Kakaopulver

Für das Parfait 75 Milliliter Wasser mit dem Kakao und dem Kardamom aufkochen. Die Schokolade klein schneiden und unter Rühren in dem heißen Kakao auflösen. Den Likör einrühren. Die Schokoladencreme abkühlen lassen. Die Eier mit den Eigelben, dem Zucker und dem Vanillezucker in einem Schneekessel mischen und im siedenden, nicht kochenden Wasserbad cremig rühren. Den Schneekessel sofort in eine Schüssel mit eiskaltem Wasser stellen und die Creme so lange weiter schlagen, bis sie sehr cremig und abgekühlt ist. Die Sahne fast steif schlagen. Die Schokoladencreme mit der Eimasse mischen. Erst die Hälfte der Sahne unterrühren, dann den Rest der Sahne unterheben. Die Parfaitmasse in 6 Förmchen oder Tassen füllen, mit Frischhaltefolie abdecken und über Nacht ins Gefriergerät stellen.

Für die Rotweinbirnen die Früchte schälen und mit Hilfe eines Kugelausstechers kleine Perlen herausschneiden. Oder die entkernten Birnen in gleichmäßig kleine Würfel schneiden. Den Zucker mit dem Rotwein und dem Portwein erhitzen und die Birnenperlen darin in 1 bis 3 Minuten bissfest garen. Abkühlen lassen. Die roten Birnenperlen aus dem Wein nehmen und die Flüssigkeit siruparig einkochen. Mit dem Birnenbrand aromatisieren und die Birnen wieder zugeben.

Für die Sauce die Bonbons klein schneiden. Die Nüsse grob hacken. Den Zucker zu einem hellen Karamell schmelzen. Die Bonbons und 100 Milliliter heißes Wasser zufügen und so lange erhitzen, bis alles gelöst ist. Die Nüsse und die Butter einrühren. Die Pecannuss-Karamell-Sauce abkühlen lassen.

Für die Garnitur die Karambole putzen, waschen, trockenreiben und in 6 Scheiben schneiden. Die Kuvertüre klein schneiden und bei milder Hitze verflüssigen. Die Karambolesterne halb in die Kuvertüre tauchen, mit etwas Kakao bestäuben und auf Alufolie fest werden lassen.

Zum Servieren das Parfait etwa 30 Minuten bei Zimmertemperatur antauen lassen. Auf Dessertteller stürzen, mit der Karamellsauce begießen, die Birnen in Sirup zugeben und mit den Karambolescheiben garnieren.

LICOR DE CAFÉ
COFFEE LIQUEUR
MEXICO CITY
26.5% vol

AZAFRÁN
Molido
3 USOS
Vanillin
Zucker
Dr.Oetker

Himmlisch cremige Desserts

Mascarpone mit Äpfeln und Walnusskrokant

Für den Walnuss-krokant:
75 g Puderzucker
80 g Walnusskerne
2 EL süße Sahne
1 EL Honig

Für die Äpfel:
500 g Äpfel
4 EL Apfeldicksaft
2 EL Butter
2 EL Apfelbrand (z. B. Calvados)

Für die Mascarpone-creme:
2 Blatt weiße Gelatine
3 Eier
75 g fester Honig
1 Päckchen Vanillezucker
2 EL Zitronensaft
etwas geriebene Zitronen-schale
250 g Mascarpone
2 EL Mandellikör (z. B. Amaretto)
1 Prise Salz
200 ml süße Sahne

Außerdem:
75 g Mandelkekse (z. B. Amaretti)
12 Cocktailäpfel (Fertig-produkt)
75 g Zucker
etwas Hagelzucker
etwas Zimtpulver

Für den Krokant den Puderzucker zu einem hellen Karamell schmelzen. Die Walnüsse einrühren, vom Herd nehmen und Sahne und Honig einrühren. Die Masse auf einem Teller abkühlen lassen. Den Krokant zerkleinern.

Für die Äpfel die Früchte vierteln, schälen, entkernen und in dünne Spalten schneiden. Die Apfelspalten mit dem Apfeldicksaft und der Butter bei milder Hitze bissfest garen. Mit dem Apfelbrand aromatisieren und abkühlen lassen.

Für die Creme die Gelatine in kaltem Wasser einweichen. Die Eier trennen. Das Eiweiß kühl stellen. Die Eigelbe mit Honig, Vanillezucker, Zitronensaft und Zitronenschale in einen Schneekessel geben und im Wasserbad schaumig rühren. Den Schneekessel auf eine Schüssel mit eiskaltem Wasser stellen und die Creme kalt schlagen.
Den Mascarpone unter die erkaltete Eicreme rühren. Die Gelatine gut ausdrücken und in dem Mandellikör bei milder Hitze auflösen. Etwa 4 Esslöffel Mascarponecreme mit der Gelatine mischen, dann mit der restlichen Mascarponecreme verrühren.

Das Eiweiß mit etwas Salz steif schlagen. Die Sahne ebenfalls steif schlagen. Erst den Eischnee, dann die Sahne unter die Creme heben. Die Creme kurz in den Kühlschrank stellen.

Zum Einschichten den Boden einer Glaschale mit etwas Mascarponecreme bestreichen. In mehreren Lagen Mandelkekse, Apfelspalten, Walnusskrokant und Creme einschichten, wobei die letzte Schicht aus Creme bestehen soll. Die Schale mit Frischhaltefolie abdecken und 4 bis 6 Stunden kühl stellen.

Die Cocktailäpfel abgießen und jede Frucht trockenreiben. Den Zucker zu einem hellen Karamell schmelzen. Zuerst nur die Apfelstiele durch den Karamell ziehen, wobei jeweils eine lange Spitze entstehen soll. Die Früchte auf Alufolie stellen. Sobald der Karamellüberzug fest geworden ist, die ganzen Äpfel durch den wieder erwärmten Karamell ziehen und fest werden lassen.

Zum Servieren das Dessert auf Tellern anrichten, mit Hagelzucker und etwas Zimt bestreuen und die karamellisierten Äpfel dazu setzen.

DISARONNO
ORIGINALE

Versunkene Birnen in Ingwerschaum

Für die Birnen:
500 g Zucker
1 Stück frischer Ingwer
1 Vanilleschote
1 TL geriebene Zitronenschale
1 kg kleine Birnen
1 Döschen Safranpulver

Für den Ingwerschaum:
6 Blatt weiße Gelatine
100 g Walnüsse
3 Eier
75 g Zucker
400 ml Birnensaft oder Birnennektar
5 EL Birnenbrand
4 kandierte Ingwerstücke in Sirup
2 EL Ingwersirup
1 Prise Salz
250 ml süße Sahne

Für die Garnitur:
4 eingelegte Ingwerstücke in Sirup

Tipp:
In Asienläden und gut sortierten Supermärkten finden Sie Gläser mit kandierten Ingwerstücken in Sirup. Für dieses Dessert kann auch frischer Ingwer oder Ingwerkonfitüre verwendet werden.

Für die Birnen den Zucker in 500 Milliliter Wasser erhitzen. Etwa 3 Zentimeter Ingwer schälen und in Scheiben schneiden. Die Vanilleschote längs aufschneiden und das Mark herausschaben. Zitronenschale, Ingwer, Vanillemark und -schote in das Zuckerwasser geben und 3 Minuten sprudelnd kochen lassen. Die Birnen so halbieren, dass bei jeweils einer Hälfte der Stiel stehen bleibt. Die Früchte entkernen und schälen. Die Birnen im gewürzten Sirup 8 bis 10 Minuten gar ziehen lassen und wieder herausnehmen. Den Safran in 1 Teelöffel warmem Wasser auflösen und in den Sirup rühren. 4 Birnenhälften mit Stiel in den gelben Sirup legen und etwa 1 Stunde ziehen lassen. 1 Birnenhälfte in schmale Spalten schneiden und beiseite legen. Die restlichen hellen Birnen mit einem Mixstab pürieren.

Für den Ingwerschaum die Gelatine in kaltem Wasser einweichen. Die Walnüsse in einer fettfreien Pfanne leicht rösten, abkühlen lassen und fein mahlen. Die Eier trennen. Das Eiweiß kühl stellen. Die Eigelbe mit dem Zucker in einen Schneekessel geben und im Wasserbad schaumig rühren. Den Schneekessel in eine Schüssel mit eiskaltem Wasser stellen und die Creme kalt schlagen.
Den Birnensaft oder Nektar mit dem Birnenbrand erhitzen. Die Gelatine gut ausdrücken und in dem heißen, nicht kochenden Saft auflösen. Die Ingwerstücke sehr fein hacken. Die Eicreme mit dem Birnenpüree, den gemahlenen Walnüssen, dem Saft, dem Ingwer und dem Ingwersirup verrühren und kühl stellen. Das Eiweiß mit etwas Salz steif schlagen. Die Sahne ebenfalls steif schlagen. Zuerst den Eischnee, dann die Schlagsahne unter die noch nicht gelierende Creme heben.

Zum Servieren die Creme auf 4 tiefe Teller verteilen. Die 4 gelben Birnenhälften mit Stiel mit der runden Seite nach oben in die Creme legen. Die Ingwerstücke grob würfeln. Die Dessertteller mit den zurückgelegten Birnenspalten, Ingwerwürfeln und Ingwersirup garnieren.

Ricottaauflauf mit Orangenkompott

Für den Ricottaauflauf:
4 EL Rosinen
4 EL Rum
125 ml süße Sahne
125 ml Milch
40 g Butter
60 g Grieß
2 Eier
60 g Zucker
1 Päckchen Vanillezucker
1 TL abgeriebene Orangenschale
50 g Pinienkerne
250 g Ricotta oder Magerquark
1 Prise Salz
Butter für die Form
100 g Orangeat
1 EL Zucker
Butterflöckchen

Für das Kompott:
3 unbehandelte Orangen
1 kernlose Mandarine
3 EL Zucker
2 EL Butter
6 EL weißer Portwein
1 bis 2 EL Zitronensaft

Tipp:
Dieser feine Ricottaauflauf schmeckt auch mit Apfel-, Rhabarber oder Pflaumenkompott. Zusätzlich können Sie die Ricottamasse mit 50 Gramm geraspelter Schokolade veredeln.

Für den Auflauf die Rosinen in Rum einweichen. Die Sahne und die Milch zusammen aufkochen. Die Butter erhitzen und den Grieß einrühren. Die kochende Milch zugießen und den Grieß unter Rühren 1 Minute kochen. Den Grießbrei vom Herd nehmen und ausquellen lassen.
Die Eier trennen. Das Eiweiß kühl stellen. Die Eigelbe mit Zucker, Vanillezucker und Orangenschale schaumig rühren und unter den heißen Grieß rühren. Die Masse auskühlen lassen. Die Pinienkerne in einer fettfreien Pfanne leicht rösten. Zusammen mit den Rosinen und der Ricotta unter den abgekühlten Grieß mischen. Das Eiweiß mit etwas Salz steif schlagen und unter die Creme heben. Den Backofen auf 180 °C (Gas Stufe 2-3, Umluft 160 °C) vorheizen. Eine feuerfeste Form (750 ml Inhalt) einfetten und die Masse einfüllen. Das Orangeat sehr fein hacken und mit Zucker und Butterflöckchen über die Ricottacreme streuen. 30 bis 35 Minuten backen.

Für das Kompott 1 Orange heiß waschen, trockenreiben und die Schale in feinen Streifen abziehen. Alle Orangen wie Äpfel schälen und die Filets auslösen. Die Fruchtrückstände über den Filets ausdrücken. Die Mandarine schälen und in Segmente teilen. Orangenschalenstreifen, Orangenfilets mit Saft und die Mandarinen mischen. Den Zucker zu einem hellen Karamell schmelzen. Butter und Portwein einrühren und kochen, bis sich der Karamell wieder gelöst hat. Die Zitrusfilets mit ihrem Saft einrühren. Mit Zitronensaft abschmecken. Lauwarm oder kalt zum warmen Auflauf reichen.

Sie werden dieses Dessert ebenso schön finden wie die Oper »Die Liebe zu den drei Orangen« von Sergei Prokofjew, die er zwischen 1919 und 1921 schuf. Grundlage war das Märchenspiel von Carlo Gozzi, dass in Venedig am 25. Januar 1761 uraufgeführt wurde. In der Hauptsache dreht es sich darum, dass die Fee Morgana in dem Prinzen Tartaglia das Verlangen nach drei Orangen weckt. Nach allen Irrungen und Wirrungen bekommt der Prinz drei Orangen. Als er sie öffnet, stehen drei hübsche Mädchen vor ihm. Wie gut, dass zwei von ihnen sogleich verdursten, so erleidet der Prinz nicht die Qual der Wahl. Und wenn sie nicht gestorben sind ...

Schneeberge auf Portweinsabayon

Für das Sabayon:
2 Eier
3 Eigelbe
75 g Zucker
2 EL Zitronensaft
2 EL Orangensaft
1 TL Speisestärke
250 ml weißer Portwein

Für die Schneeberge:
50 g Mandelblättchen
5 Eiweiße
4 EL Zucker
etwas geriebene Orangenschale
1 Päckchen Vanillezucker

Für die Garnitur:
1 Orange
40 g kandierte Veilchen
100 g Zucker
2 Stängel Zitronenmelisse

Für das Sabayon die Eier mit den Eigelben, dem Zucker, den Zitrussäften, der Speisestärke und dem Portwein in einem Schneekessel verrühren und im Wasserbad schaumig aufschlagen. Die Masse in eine weite, feuerfeste Form gießen.

Für die Schneeberge die Mandelblättchen in einer fettfreien Pfanne goldgelb rösten. Das Eiweiß halb steif schlagen, den Zucker, die Orangenschale und den Vanillezucker unter Rühren einrieseln lassen und das Eiweiß ganz steif schlagen.
Den Grill im Backofen erhitzen. Den Eischnee als 4 wolkige Inseln auf den Portweinschaum setzen. Die Form unter den heißen Grill stellen und das Dessert 4 bis 5 Minuten überbacken.

Für die Garnitur die Orange wie einen Apfel schälen und mit einem scharfen Messer zwischen die Trennhäute schneiden und so die Filets lösen. Die Filets in gleichmäßig große Stücke schneiden und das Fruchtfleisch zwischen die Inseln legen. Die kandierten Veilchen klein hacken.
Den Zucker mit 2 Esslöffel Wasser erhitzen und 3 Minuten sprudelnd kochen lassen. Mit einer oder zwei Gabeln durch den Zucker fahren, durch die Luft wirbeln und die Zuckerfäden üppig über das Dessert verteilen. Sofort mit den zerkleinerten Veilchen bestreuen, mit einigen Melisseblättchen garnieren und servieren.

Portwein gehört wohl zu den bekanntesten und besten Likörweinen der Welt. Die süßen Trauben für diese Delikatesse gedeihen in einem eng begrenzten Gebiet im Norden Portugals. Portwein muss mindestens drei Jahre lang in Fässern lagern, bevor er verkauft werden darf. Zu den Spitzenprodukten gehört der Jahrgangsportwein, der erst in 15 bis 50 Jahren seine höchste Reife erreicht hat. Die wichtigsten Sorten heißen Ruby Port (ein junger Wein), Tawny Port (ein weicher, länger gelagerter Wein) und der White Port aus weißen Trauben.

Eierlikörsüppchen mit schwarzen Schwänen

Für die Suppe:
2 Eigelbe
2 Eier
75 g Zucker
1 Vanilleschote
250 ml süße Sahne
400 ml Eierlikör

Für die Schwäne:
2 Eiweiße
1 Prise Salz
2 EL Zucker
1 EL Kakaopulver
2 EL heller Essig

Für die Garnitur:
250 g gemischte Beeren (Himbeeren, Erdbeeren, Johannisbeeren)
Puderzucker zum Bestäuben
2 EL ungesalzene Pistazien

Für die Suppe die Eigelbe mit den Eiern und dem Zucker in einem Schneekessel mischen und im Wasserbad cremig rühren. Die Vanilleschote längs aufschneiden, das Mark herausschaben und die Schote sowie das Mark mit der Sahne unter die Eiermischung rühren. Den Schneekessel in eine Schüssel mit eiskaltem Wasser stellen und die Creme kalt schlagen. Den Eierlikör einrühren und abgedeckt kühl stellen.

Für die schwarzen Schwäne kurz vor dem Servieren das Eiweiß halb steif schlagen. Das Salz, den Zucker und den Kakao unter Rühren einrieseln lassen und das Eiweiß ganz steif schlagen. Oder das Eiweiß ohne Kakao steif schlagen und die Schwäne kurz vor dem Anrichten mit Kakaopulver bestäuben. In einem weiten Topf 2 bis 3 Liter Wasser mit dem Essig zum Kochen bringen. Mit 2 Teelöffeln, die zuvor in heißes Wasser getaucht werden, von dem Eischnee 8 oder 12 Nocken abstechen. Die Nocken in das siedende Wasser gleiten lassen und im geschlossenen Topf 3 bis 4 Minuten gar ziehen lassen. Die Schwäne herausheben und abtropfen lassen.

Für die Garnitur die Beeren putzen nach Bedarf waschen und abtropfen lassen. Die Hälfte der Beeren vor dem Anrichten mit gesiebtem Puderzucker bestäuben. Die Pistazien fein hacken.

Zum Servieren das Eierlikörsüppchen in tiefen Tellern anrichten – die Vanilleschote zuvor entfernen – und die Schwäne dazusetzen. Die Beeren hineinlegen und die Pistazien darüber streuen.

Die „schwarzen Schwäne“, die Schneeklößchen aus Eiweiß, Zucker und etwas Kakaopulver, verlangen eine umsichtige Handhabung. Sie garen einige Minuten in siedendem Essigwasser im geschlossenen Topf. Zwei Tee- oder Esslöffel werden ins heiße Wasser getaucht, bevor man mit Hilfe der beiden Löffel kleinere oder größere Nocken formt und diese vorsichtig ins Wasser gleiten lässt. Die Masse ist ohne Kakaopulver stabiler. Die Nocken werden in diesem Fall nach dem Garen mit etwas Kakaopulver bestäubt und als „schwarze Schwäne“ in die kalte Suppe gesetzt.

Gebrannte Kokoscreme mit Ananaskompott

Für die Kokoscreme:
125 ml Milch
1 Vanilleschote
1 Stück frischer Ingwer
250 ml süße Sahne
150 g Zucker
160 ml Kokosmilch (Dose)
9 Eigelbe
1 TL Speisestärke

Für das Ananaskompott:
1 Ananas
1 Stück frischer Ingwer
100 g Zucker
2 bis 3 EL Zitronensaft

Für die Garnitur:
4 Stängel Pfefferminze
4 große Erdbeeren
2 EL Zucker
2 EL brauner Zucker
2 EL Kokosflocken

Tipp:
Dieses sahnige Dessert mit der krachende Kruste verlangt nach einem Grill oder einer Art Bunsenbrenner, wie es ihn heute in Haushaltswarengeschäften gibt. In Spanien gibt es dafür ein Brenneisen mit schneckenförmiger Spirale, die aufgeheizt wird und den Zucker im Nu zum Schmelzen bringt.

Für die Creme die Milch in einem Topf erhitzen. Die Vanilleschote längs aufschneiden, das Mark herausschaben und beides zur Milch geben. Den Ingwer schälen, etwa 8 dünne Scheiben davon abschneiden und zur Milch geben. Die Milch zum Kochen bringen, beiseite stellen und 30 Minuten ziehen lassen. Die aromatisierte Milch durch ein Sieb gießen und mit der Sahne und dem Zucker erneut aufkochen. Die Kokosmilch einrühren. Die Eigelbe mit der Speisestärke vermengen und unter die Kokossahne rühren.
Die Kokossahne in 4 feuerfeste Schalen oder Förmchen gießen und mit Alufolie abdecken. Die Creme im Wasserbad auf dem Herd oder im heißen Backofen bei 180 °C in 30 bis 40 Minuten stocken lassen. Dafür die Förmchen in einen großen Topf setzen und so viel kochendes Wasser angießen, dass dieses bis zur halben Höhe der Förmchen reicht. Die Kokoscreme auf Zimmertemperatur abkühlen lassen.

Für das Kompott die Ananas schälen, vierteln und den harten Strunk entfernen. Die Hälfte der Ananas klein schneiden und mit einem Mixstab pürieren. Die restliche Ananas in mundgerechte Stücke schneiden. Den Ingwer schälen und fein würfeln; es werden 3 Esslöffel Ingwerwürfel gebraucht. Den Zucker zu einem hellen Karamell schmelzen. Die pürierte Ananas zugeben und so lange erhitzen, bis der Karamell wieder geschmolzen ist. Ananas- und Ingwerstücke zugeben und einmal aufkochen lassen. Das Kompott mit Zitronensaft würzen und abkühlen lassen.

Für die Garnitur die Spitze der Pfefferminzstängel abschneiden und beiseite legen. Die restlichen Blätter von den Stielen zupfen, in schmale Streifen schneiden und unter das abgekühlte Kompott mischen. Die Erdbeeren putzen, waschen und trockentupfen. Die Früchte längs in dünne Scheiben schneiden und das Kompott damit garnieren. Den Grill im Backofen erhitzen. Beide Zuckersorten mit den Kokosflocken mischen und über die erkaltete Creme streuen. Unter dem Grill so lange erhitzen, bis der Zucker geschmolzen und karamellisiert ist. Die gebrannte Creme mit den Pfefferminzspitzen dekorieren und mit dem Kompott servieren.

Kokosgelee mit Maracujasauce

Für 6 Portionen

Für das Kokosgelee:
6 Blatt weiße Gelatine
6 Blatt rote Gelatine
1 Stück frischer Ingwer
500 ml Kokosmilch
250 ml süße Sahne
150 g Zucker
1 Vanilleschote
1 Sternanis
2 Zimtstangen
1 TL geriebene Zitronenschale
6 EL weißer Rum
grüne Speisefarbe

Für die Sauce:
8 Maracujas
75 g Zucker
100 ml halbtrockner Weißwein
1 Stück frischer Ingwer
1 Limette
6 Rambutans oder Litschis

Für die Garnitur:
Kokosnusslocken

Für das Gelee die Gelatine getrennt in kaltem Wasser einweichen. Den Ingwer schälen und fein reiben, es werden etwa 2 Esslöffel Ingwer gebraucht. Die Kokosmilch mit der Sahne und dem Zucker in einem Topf zum Kochen bringen. Die Vanilleschote längs aufschneiden und das Mark herausschaben. Mark, Schote, Ingwer, Sternanis, Zimt und Zitronenschale zur Kokossahne geben und alles einmal aufkochen. Den Topf beiseite stellen und die Masse 30 Minuten durchziehen lassen.
Die aromatisierte Kokossahne durch ein Sieb gießen und den Rum unterrühren. Die Mischung halbieren. Beide Sorten Gelatine ausdrücken und getrennt voneinander bei milder Hitze auflösen. Jede Gelatine in eine Hälfte der Kokossahne rühren. Die weiße Kokossahne wieder halbieren und eine Hälfte hellgrün färben. Das Kokosgelee wie folgt in eine Glasschüssel füllen und jede Schicht im Kühlschrank fest werden lassen, bevor die nächste folgt: Erst knapp die Hälfte vom rosa Gelee, darauf das weiße Gelee, dann das grüne Gelee und zum Abschluss das restliche rosa Gelee einfüllen. Im Kühlschrank in 6 Stunden fest werden lassen.

Für die Sauce die Maracujas halbieren, das Fruchtfleisch herauslösen und mit Zucker und Wein einmal aufkochen. Den Ingwer schälen und ein kleines Stück zur Maracujazubereitung reiben. Die Limette waschen, trockenreiben, Schalenstreifen abziehen und die Frucht auspressen. Rambutans oder Litschis aus den Schalen lösen, halbieren und entkernen. Früchte, Limettenschale und etwas Limettensaft zur Sauce geben und abkühlen lassen.

Zum Servieren das Kokosgelee auf eine Platte stürzen und mit Kokosnusslocken garnieren. Die Sauce getrennt dazu reichen.

Um Kokosnusslocken selbst zu gewinnen, müssen Sie eine frische Kokosnuss knacken. Dafür zwei der drei „Augen“ mit einem Bohrer aufbohren und die Flüssigkeit, das Kokoswasser, durch ein Sieb ablaufen lassen. Die Nuss im heißen Backofen etwa 15 Minuten erwärmen und mit einem Hammer aufschlagen. Die braune Haut mit einem Sparschäler entfernen; für Dekozwecke darf die dünne Haut auch dranbleiben. Für Kokoslocken das Fruchtfleisch mit einem Gemüsehobel in Streifen hobeln.

Vin-Santo-Sabayon mit Sommerfrüchten

Für die Früchte:
2 bis 3 weiße Pfirsiche
300 ml Pfirsichnektar
3 EL Honig
1 Vanilleschote
4 EL Pfirsichlikör
500 g Sauerkirschen
150 ml Kirschsaft
75 g Zucker
1 Zimtstange
½ TL Speisestärke

Für das Sabayon:
1 Ei
2 Eigelbe
4 EL Zucker
1 EL Zitronensaft
½ TL Speisestärke
250 ml Vin Santo

Tipp:
Vin Santo ist ein aromatischer italienischer Dessertwein, den Sie in gut sortierten Weinhandlungen sowie in italienischen Lebensmittelläden kaufen können. Statt der Pfirsiche können Sie auch Nektarinen für dieses Dessert verwenden.

Für die Früchte die Pfirsiche halbieren, entkernen und häuten. Den Pfirsichnektar mit dem Honig erhitzen. Die Vanilleschote längs aufschneiden und das Mark herausschaben. Das Mark mit der Schote zum Nektar geben und die Pfirsichhälften darin 3 bis 6 Minuten garen. Vom Herd nehmen, den Pfirsichlikör zugeben und die Früchte im Nektar abkühlen lassen.
Die Kirschen putzen, waschen und entsteinen. Bei 8 Kirschen die Stiele stehen lassen und diese Früchte auch nicht entsteinen. Den Kirschsaft mit dem Zucker und der Zimtstange zum Kochen bringen. Alle Kirschen darin 5 bis 7 Minuten garen. Die Speisestärke mit etwas kaltem Wasser anrühren und das Kirschkompott damit leicht binden.
Die durchgezogenen Pfirsiche in dicke Spalten schneiden. Alle Früchte dekorativ auf Dessertteller verteilen.

Für das Sabayon das Ei mit den Eigelben, dem Zucker, dem Zitronensaft, der Speisestärke und dem Vin Santo in einem Schneekessel verrühren und im Wasserbad schaumig aufschlagen.

Zum Servieren das Sabayon sofort über die Früchte gießen. Das Dessert mit den Kirschen am Stiel dekorieren.

Die Europäer genossen die ersten saftig-süßen Pfirsiche in Persien, dem heutigen Iran, weshalb sich deren lateinischer Name Prunus persica auch von Persien ableitet. Der Pfirsichbaum wurde in Persien allerdings erst um die Zeitenwende bekannt. Dagegen kannten die Chinesen bereits vor rund 4000 Jahren über 100 verschiedene Pfirsichsorten. Aus dem Reich der Mitte stammt auch der Glaube, Pfirsiche machen unsterblich. Während die Haut des Pfirsichs samtweich ist, besitzt die Nektarine – eine Kreuzung aus Pfirsich und Pflaume – eine glatte Haut. Beide Früchte betören durch ihren feinen Duft und aromatischen Geschmack. Besonders köstlich schmecken die weißen Pfirsiche und die blutroten Weinbergpfirsiche, die selten im Handel angeboten werden.

Santo
LIQUOROSO

Joghurt-Beeren-Schnitten

Für 6 Portionen

Für die Früchte:
500 g Himbeeren
250 g Brombeeren
250 g Erdbeeren
75 g Zucker
2 EL Himbeergeist
2 EL Brombeerlikör
2 EL Erdbeerlikör

Für die Creme:
7 Blatt rote Gelatine
300 g Sahnejoghurt
3 Eigelbe
100 g Puderzucker
2 EL Zitronensaft
400 ml süße Sahne

Für die Früchte die Beeren getrennt voneinander putzen, nach Bedarf waschen und gut abtropfen lassen. Jeweils 6 schöne Himbeeren, Brombeeren und Erdbeeren beiseite legen. 200 Gramm Himbeeren mit 50 Gramm Zucker verrühren und durch ein Sieb streichen. Die restlichen Himbeeren mit Himbeergeist, die restlichen Brombeeren mit Brombeerlikör begießen. Die restlichen Erdbeeren vierteln und mit Erdbeerlikör mischen. Den restlichen Zucker über den marinierten Früchte verteilen.

Für die Creme die Gelatine in kaltem Wasser einweichen. Den Joghurt mit den Eigelben und dem gesiebten Puderzucker in einen Schneekessel geben und im Wasserbad cremig rühren. Die Gelatine ausdrücken und bei milder Hitze auflösen. Die aufgelöste Gelatine unter die Joghurtcreme ziehen und mit Zitronensaft würzen. Den Schneekessel in eine Schüssel mit eiskaltem Wasser stellen und die Creme kalt schlagen. Das Himbeerpüree einrühren. Die Sahne steif schlagen und unterheben.
Eine Rehrückenform glatt mit Frischhaltefolie auskleiden. Die zurückgelegten Beeren – die Erdbeeren nach Bedarf noch etwas klein schneiden – in einem hübschen Muster auf den Boden der Form legen. Die Joghurt-Sahne-Creme darüber verteilen, glatt streichen und die Form mit Frischhaltefolie abdecken. Das Dessert im Kühlschrank in 4 bis 6 Stunden fest werden lassen.

Zum Servieren die Creme aus der Form heben und in Scheiben schneiden. Zusammen mit den marinierten Früchten auf Desserttellern anrichten.

Durch prähistorische Funde gilt es als erweisen, dass sich die Menschen schon in der Jungsteinzeit von den aromatischen Walderdbeeren ernährten. Wohlgeschmack, Wohlgeruch und die leuchtende Farbe haben unsere Vorfahren zu allerlei Geschichten rund um die Erdbeere anregt. So sollten beim Ernten auf den Boden gefallene Früchte für die „armen Seelen“ liegen gelassen werden. Für Frauen galten die köstlichen Früchte als ungesund, aber jeder Mann sollte still stehen, sich am Anblick der Früchte erfreuen und sie pflücken.

Quarksoufflés mit Rosmarinzwetschgen

Für die Quarksoufflés:
250 g Magerquark
3 Eier
6 EL Zucker
1 Vanilleschote
etwas geriebene Zitronenschale
125 g Crème fraîche
1 TL Speisestärke
1 Messerspitze Backpulver
1 Prise Salz

Für die Förmchen:
2 EL Butter
1 kleiner Stängel Rosmarin

Für das Kompott:
500 g Zwetschgen
2 frische Lorbeerblätter
1 kleiner Stängel Rosmarin
5 EL Zucker
125 ml Pflaumensaft

Für die Garnitur:
125 ml süße Sahne
Zimt zum Bestäuben

Für die Soufflés den Quark in einem Sieb etwa 1 Stunde abtropfen lassen. Durch das Sieb streichen und glatt rühren. Die Eier trennen. Das Eiweiß kühl stellen. Die Eigelbe mit 5 Esslöffel Zucker schaumig rühren. Die Vanilleschote längs aufschneiden und das Mark herausschaben. Das Vanillemark und die Zitronenschale unter den Eischaum mischen. Diesen mit dem Quark verrühren. Die Crème fraîche mit der Speisestärke und dem Backpulver mischen und unter die Quarkcreme rühren. Das Eiweiß mit etwas Salz halb steif schlagen, den restlichen Zucker unter Rühren einrieseln lassen und ganz steif schlagen. Den Eischnee unter die Quarkcreme ziehen.

Die Butter bei milder Hitze mit dem Rosmarinstängel einige Minuten erhitzen. Den Backofen auf 200 °C (Gas Stufe 3-4, Umluft 180 °C) vorheizen. 4 glattwandige feuerfeste Förmchen mit der aromatisierten Butter einfetten. Die Quarkmasse bis etwa 1 Zentimeter unter den Rand der Förmchen einfüllen. Die Förmchen in eine feuerfeste Schale setzen und so viel heißes Wasser in die Schale gießen, dass die Förmchen gut zur Hälfte im Wasser stehen. Die Schale auf die mittlere Schiene in den Backofen stellen und die Soufflés in 30 bis 35 Minuten garen.

Für das Kompott die Zwetschgen waschen, längs vierteln und entkernen. Die Früchte zusammen mit den Lorbeerblättern, dem Rosmarin, dem Zucker und dem Pflaumensaft zum Kochen bringen. Die Zwetschgen bei milder Hitze 10 bis 15 Minuten garen und abkühlen lassen. Vor dem Anrichten die festen Gewürze entfernen.

Zum Servieren die Sahne halb steif schlagen. Die Quarksoufflés auf Dessertteller stürzen und mit dem Zwetschgenkompott und der Sahne anrichten. Mit etwas Zimt bestäuben.

Dessert mit Rosmarin? Wer es noch nicht probiert hat, der sollte nicht gleich mit dem Kopf schütteln. Ein Hauch von Rosmarin, besonders zusammen mit Pflaumen und Zwetschgen, eröffnet dem Genießer ein völlig neues und überraschend würziges Geschmackserlebnis. Statt frischem Rosmarin kann auch Rosmarinpulver verwendet werden.

Mohnmousse mit Hagebuttensauce

Für die Mohnmousse:
500 ml süße Sahne
250 ml Milch
1 Päckchen Vanille-puddingpulver
6 EL Zucker
1 Prise Salz
75 g gemahlener Mohn
etwas geriebene Zitronen-schale

Für die Hagebutten-sauce:
1 unbehandelte Orange
200 g Hagebuttenmus
1 EL Zitronensaft

Tipp:
In Feinkostgeschäften wird man Ihnen gern den Mohn frisch mahlen. Er ist dann nicht sehr lange haltbar. Sie können den gemahlenen Mohn aber gut für etwa 9 Monate einfrieren und bei Bedarf leicht entnehmen.

Für die Mousse die Hälfte der Sahne kühl stellen. Die restliche Sahne mit der Milch mischen, 4 Esslöffel zum Anrühren des Puddingpulvers abnehmen und den Rest zum Kochen bringen. Das Puddingpulver in der kalten Sahne-Milch-Mischung glatt rühren, in die kochende Milch einrühren und einmal aufkochen lassen. Den Pudding vom Herd nehmen, 5 Esslöffel Zucker, etwas Salz, Mohn und Zitronenschale einrühren. Die Oberfläche mit dem restlichen Zucker bestreuen, damit sich beim Abkühlen keine Haut bildet. Den Pudding abgedeckt kühl stellen. Die gekühlte Sahne steif schlagen und unter den abgekühlten Pudding heben. 2 bis 3 Stunden kalt stellen.

Für die Sauce die Orange heiß waschen, trockenreiben und mit einem Zestenreißer Schalenstreifen abziehen. Die Frucht auspressen. Das Hagebuttenmus mit den Schalenstreifen, etwas Orangen- und Zitronensaft würzen. Bei Bedarf mehr Orangensaft zugeben.

Zum Servieren von der Mohnmousse mit einem feuchten Esslöffel Nocken abstechen und auf Dessertteller legen. Die Hagebuttensauce dazu anrichten.

Der große deutsche Dichter aus Frankfurt am Main, Johann Wolfgang Goethe, hat mit seinem schönen Lied „Sah ein Knab ein Röslein stehn" der Rose ein unvergängliches Denkmal gesetzt. – Was gibt es denn Schöneres im Sommer zu schauen, als eine vollerblühte Rosenhecke, die uns auch mit ihrem lieblichen Duft betört? Im Herbst leuchten die signalroten Hagebutten weit ins Land. Wer mag, erntet die vitaminreichen Früchte und bereitet damit zu Hause Tee, Saft oder das als Brotaufstrich beliebte Hagebuttenmus, auch Hiefenmark genannt, zu. Dafür müssen Blütenansatz und Kelchblätter sowie die Kerne der Hagebutte entfernt und die Früchte sorgfältig gewaschen werden. 1 Kilogramm Hagebuttenschalen werden mit 500 Milliliter Wasser und Zucker nach Geschmack 20 Minuten gekocht und dann durch ein Sieb gestrichen. Nicht nur die Blüte, sondern auch der Hagebuttenzweig wurde verehrt. Er bot Schutz von Hexerei und allerlei Zauber, und wer gesund durchs neue Jahr kommen wollte, musste am Neujahrstag drei Hagebutten verzehren.

Maronensoufflé mit Preiselbeeren

Für 6 Portionen

Für das Maronensoufflé und die Garnitur:
300 g Maronen (Esskastanien)
100 g Puderzucker

75 g Haselnusskerne
25 g bittere Schokolade
3 Eier
50 g Butter
75 g Zucker
1 Päckchen Vanillezucker
etwas geriebene Orangenschale
1 Prise Salz
Butter für die Form
Zesten von Orangenschale

Für die Beilage:
1 Birne
100 ml Birnensaft
1 Zimtstange
1 Sternanis
1 EL Birnenbrand
250 g Preiselbeeren
75 ml Preiselbeersaft
7 bis 8 EL Zucker

Tipp:
Preiselbeersaft finden Sie in Reformhäusern und Naturkostläden.

Die Maronen am spitzen Ende kreuzweise einschneiden und bei 200 °C im Backofen etwa 40 Minuten erhitzen, bis die Schalen aufplatzen. Die Maronen schälen und dabei auch die braune Haut entfernen. 6 schöne Maronen beiseite legen. Die restlichen Maronen pürieren und durch ein feines Sieb streichen. Etwa 75 Gramm Püree abwiegen.

Für die Garnitur den Puderzucker zu einem hellen Karamell schmelzen. Die 6 Maronen darin wälzen und einzeln mit einer Gabel so aus dem Karamell ziehen, dass durch Ablaufen des Karamells ein stielähnlicher Zuckerfaden entsteht. Die Maronen auf Alufolie fest werden lassen.

Für die Beilage die Birne vierteln, entkernen, in schmale Spalten schneiden und in dem Birnensaft mit Zimt und Sternanis bissfest garen. Den Birnenbrand einrühren und abkühlen lassen. Preiselbeeren verlesen, waschen und in dem Preiselbeersaft 8 bis 10 Minuten garen, mit Zucker süßen und abkühlen lassen.

Für das Soufflé die Haselnüsse in einer fettfreien Pfanne rösten bis sie duften. Die Nüsse in einem Tuch hin- und herrubbeln, bis die braune Haut fast ganz entfernt ist. Die Nüsse fein reiben. Die Schokolade mittelfein hacken. Die Eier trennen. Das Eiweiß kühl stellen. Die Eigelbe mit Butter, Zucker, Vanillezucker und Orangenschale schaumig rühren. Die Schokolade und die gemahlenen Nüsse bis auf 2 Esslöffel mit dem Maronenpüree und der Eigelbmasse mischen. Den Backofen auf 200 °C (Gas Stufe 3-4, Umluft 180 °C) vorheizen. 6 feuerfeste Förmchen (150 ml Inhalt) mit Butter einfetten und mit den restlichen Nüssen ausstreuen. Das Eiweiß mit etwas Salz steif schlagen und unter die Maronencreme heben. Die Souffléмasse bis etwa 1 Zentimeter unter den Rand der Förmchen einfüllen. Die Förmchen in eine feuerfeste Schale setzen und so viel heißes Wasser einfüllen, dass sie gut zur Hälfte im Wasser stehen. Die Schale auf die mittlere Schiene in den Backofen stellen und die Soufflés in 30 bis 35 Minuten garen.

Zum Servieren das Kompott auf Dessertteller geben und die Soufflés darauf stürzen. Mit den Birnenspalten, den Maronen und Orangenschalen garnieren.

Für 6 Portionen

SHERRY-HASELNUSS-SCHAUM

6 Blatt weiße Gelatine
2 Eier
100 g Zucker
1 Päckchen Vanillezucker
250 ml trockener Sherry
50 g Haselnusskerne
100 g Zartbitter-Schokolade
1 Prise Salz
250 ml süße Sahne
100 g kandierte Früchte

VANILLETRAUM MIT SOMMERFRÜCTEN

8 Blatt weiße Gelatine
2 Vanilleschoten
1 Messerspitze Safranpulver
625 ml süße Sahne
6 Eigelbe
175 g Zucker
1 Prise Salz
4 Blatt rote Gelatine
500 g gemischte Sommerfrüchte (Erdbeeren, Brombeeren, Himbeeren, Kirschen)
150 ml schwarzer Johannisbeersaft
5 EL Mandelblättchen
100 g Himbeeren
einige Rispen schwarzer Johannisbeeren

SHERRY-HASELNUSS-SCHAUM

Die Gelatine in kaltem Wasser einweichen. Die Eier trennen. Das Eiweiß kühl stellen. Die Eigelbe mit dem Zucker und dem Vanillezucker in einen Schneekessel geben und im Wasserbad cremig rühren. Den Schneekessel in eine Schüssel mit eiskaltem Wasser stellen und die Creme kalt schlagen.

Die Gelatine ausdrücken, in 3 Esslöffel Sherry bei milder Hitze auflösen. Die Gelatine mit dem restlichen Sherry rasch unter die Eimasse rühren.

Die Haselnüsse in einer fettfreien Pfanne rösten bis sie duften. In ein Küchentuch geben und darin so lange hin- und herrubbeln, bis die braune Haut fast vollständig entfernt ist. Die Haselnüsse fein reiben. Die Schokolade mittelfein raspeln. Nüsse und Schokolade unter die Creme rühren. Das Eiweiß mit etwas Salz steif schlagen. Die Sahne steif schlagen. Erst den Eischnee, dann die Schlagsahne unter die Creme heben. Die Creme 4 bis 5 Stunden kühl stellen. Zum Servieren die kandierten Früchten grob hacken und vor dem Anrichten dekorativ über den Sherry-Haselnuss-Schaum streuen.

VANILLETRAUM MIT SOMMERFRÜCHTEN

Die weiße Gelatine in kaltem Wasser einweichen. Die Vanilleschoten längs aufschneiden und das Mark herausschaben. Mark, Schoten und Safran in 125 Milliliter Sahne einmal aufkochen. Die Eigelbe mit 100 Gramm Zucker und Salz im Wasserbad cremig rühren. Die Gelatine ausdrücken, bei milder Hitze auflösen und mit der Eicreme mischen. Die Vanillesahne durch ein Sieb zur Creme gießen, unterrühren und kühl stellen. Die restliche Sahne steif schlagen und unterheben. Die Creme in eine kuppelförmige Schüssel (2 Liter Inhalt) füllen und eine kleinere, beschwerte Schüssel (750 ml Inhalt) hineindrücken. Die Creme im Kühlschrank fest werden lassen. Die rote Gelatine in kaltem Wasser einweichen. Die Früchte putzen und im Saft mit 75 Gramm Zucker einmal aufkochen. Die Gelatine ausdrücken und darin auflösen. Die kleine Schüssel aus der Creme entfernen und die kalte, aber noch nicht gelierte Fruchtzubereitung in das Loch einfüllen. 4 Stunden kühl stellen. Auf eine Platte stürzen und mit Mandelblättchen und den Früchten garnieren.

Joghurtschaum mit Limettengelee

Für das Limettengelee:
3 Blatt weiße Gelatine
6 kleine Aprikosen
150 g Zitronengelee (Lemon Jelly)
150 ml Weißwein
2 EL Zitronensaft
1 EL Zitronenlikör (z. B. Liquore al Limone)

Für den Joghurtschaum:
3 Limetten
600 g Joghurt
200 g Schmand
75 g Puderzucker
250 ml süße Sahne

Für die Garnitur:
2 Stängel Zitronenmelisse

Für das Gelee die Gelatine in kaltem Wasser einweichen. Die Aprikosen halbieren, die Steine entfernen und die Haut abziehen. Das Zitronengelee mit dem Wein und dem Zitronensaft erhitzen und die Aprikosenhälften darin bei milder Hitze 3 Minuten ziehen lassen. Die Aprikosen herausnehmen und abtropfen lassen. Die Gelatine ausdrücken und in der heißen, aber nicht kochenden Zitronenzubereitung auflösen. Den Likör einrühren. Jeweils etwa 1 Esslöffel der Flüssigkeit in 12 Eierbecher oder kleine Trinkgläser mit rundem Boden füllen und das Gelee im Kühlschrank abkühlen lassen. Sobald der Geleespiegel etwas angezogen ist, jeweils 1 Aprikosenhälfte mit der Rundung nach unten aufs Gelee setzen und mit dem restlichen Gelee begießen. Im Kühlschrank in 2 bis 3 Stunden fest werden lassen.

Für den Joghurtschaum 2 Limetten waschen und trockenreiben. Die Schalen mit einem Zestenreißer in Streifen abziehen oder mit einem Sparschäler abschälen und in schmale Streifen schneiden. Die Schalenstreifen in wenig Wasser 5 Minuten kochen, abgießen und abtropfen lassen. Die Limetten auspressen. Den Joghurt mit dem Schmand und einem Großteil des Limettensafts mit einem Mixstab schaumig aufschlagen. Den Puderzucker darüber sieben und einrühren. Den Schaum mit Limettensaft abschmecken und etwa die Hälfte der Limettenschale einrühren. Die Sahne fast steif schlagen und mit dem Joghurtschaum mischen.

Zum Servieren den Joghurtschaum in tiefen Tellern anrichten. Jeweils 3 Aprikosengelees in den Schaum stürzen und mit Melisseblättern und den restlichen Schalenstreifen garnieren.

Limone oder Limette? In Frankreich und England heißt sie „Lime“, die Limette, die früher bei uns auch Limone genannt wurde. Limetten haben im Gegensatz zu Zitronen eine dünne grüne Schale, die häufig nicht behandelt ist. Limetten sind saftreich und sie schmecken milder als Zitronen. Für dieses Dessert können Sie auch Lime Jelly, das ist Limettenmarmelade beziehungsweise Limettengelee, verwenden.

Flammeri und Mousse

GRIESSFLAMMERI MIT ROTWEINPFLAUMEN

1 Blatt rote Gelatine
175 g Pflaumen
115 g Zucker
3 EL Pflaumensaft
1 Prise Zimt
3 Blatt weiße Gelatine
2 Eigelbe
1 Päckchen Vanillezucker
300 ml Milch
geriebene Zitronenschale
3 EL Hartweizengrieß
200 ml süße Sahne
200 g weiche Backpflaumen ohne Kern
100 ml roter Portwein
100 ml Rotwein
3 EL brauner Zucker
1 Zimtstange
1 Sternanis
1 Gewürznelke
2 bis 3 EL Zitronensaft
½ TL Speisestärke

ESPRESSOMOUSSE

3 Blatt weiße Gelatine
2 Eigelbe
50 g Zucker
2 EL Kaffeelikör (Kahlua)
2 Tassen Espresso
200 ml süße Sahne
1 EL Instant-Espressokaffee
Puderzucker zum Bestäuben
4 kleine Kaffeebohnen
4 Waffelröllchen

GRIESSFLAMMERI MIT ROTWEINPFLAUMEN

Die rote Gelatine in kaltem Wasser einweichen. Die Pflaumen waschen, halbieren, entsteinen und mit 1 Esslöffel Zucker, dem Saft sowie etwas Zimt 5 Minuten kochen, dann pürieren. Die Gelatine ausdrücken und im heißen Püree auflösen. Die Fruchtzubereitung in 4 Förmchen oder kleine Tassen gießen und kühl stellen. Die weiße Gelatine in kaltem Wasser einweichen. Die Eigelbe mit dem restlichen Zucker und dem Vanillezucker im Wasserbad schaumig rühren. Die Gelatine ausdrücken und in der heißen Eicreme auflösen. Die Milch mit etwas Zitronenschale aufkochen. Den Grieß einrühren, 2 Minuten köcheln lassen und offen neben dem Herd ausquellen lassen. Den warmen Grieß mit der warmen Eicreme mischen und abkühlen lassen. Die Sahne steif schlagen und unterheben. Die Masse auf die Förmchen verteilen und im Kühlschrank in 4 bis 6 Stunden fest werden lassen. Die Backpflaumen in dem Portwein 30 Minuten quellen lassen. Mit Rotwein, Zucker, Zimtstange, Sternanis und Gewürznelke bei milder Hitze 10 Minuten garen und mit Zitronensaft würzen. Die Speisestärke mit etwas kaltem Wasser anrühren und die Rotweinpflaumen damit leicht binden. Die Grießflammeris auf Teller stürzen und das Kompott dazu reichen.

ESPRESSOMOUSSE

Die Gelatine in kaltem Wasser einweichen. Die Eigelbe mit dem Zucker in einem Schneekessel im Wasserbad schaumig rühren. Den Kaffeelikör einrühren. Den Schneekessel in eine Schüssel mit eiskaltem Wasser stellen und die Creme kalt schlagen. Die Gelatine ausdrücken und in etwas Espresso bei milder Hitze auflösen. Den restlichen Espresso zugeben und alles mit der Eicreme verrühren. Die Sahne halb steif schlagen, das Espressopulver einrühren und steif schlagen. Etwa 2 leicht gehäufte Esslöffel geschlagene Sahne kühl stellen. Die restliche Sahne unter die Espressocreme heben. Die Mousse in schöne Tassen füllen und im Kühlschrank in 2 bis 3 Stunden fest werden lassen. Die restliche Sahne darüber geben, mit etwas Puderzucker bestäuben und jeweils 1 Kaffeebohne in die Mitte setzen. Mit Waffelröllchen servieren.

Reistörtchen mit Zitronen-Ingwer-Sauce

Für 6 Portionen

Für die Förmchen:
1 unbehandelte Orange
40 g Zucker
1 TL Honig

Für den Milchreis:
750 ml Milch
75 g Zucker
1 Päckchen Vanillezucker
etwas geriebene Zitronenschale
125 g Milchreis
4 Blatt weiße Gelatine
200 ml süße Sahne

Für die Sauce:
2 unbehandelte Zitronen
3 eingelegte Ingwerstücke in Sirup
2 bis 3 EL Honig

Für die Garnitur:
40 g Mandelblättchen

Für die Förmchen die Orange waschen und trockenreiben. Die Schale mit einem Zestenreißer in Streifen abziehen oder mit einem Sparschäler abschälen und in schmale Streifen schneiden. Die Orange schälen und in 6 Scheiben schneiden. Den Zucker zu einem hellen Karamell schmelzen und mit dem Honig sowie den Schalenstreifen mischen. Die Orangenscheiben beidseitig mit dem Karamell bestreichen und auf den Boden von feuerfesten Förmchen oder Tassen legen. Restliches Karamell mit den Schalenstreifen gleichmäßig darüber gießen.

Für den Milchreis die Milch mit dem Zucker, Vanillezucker und der Zitronenschale zum Kochen bringen. Den Reis waschen, abtropfen lassen und in die heiße Milch rühren. Den Milchreis bei milder Hitze in 30 bis 40 Minuten ausquellen lassen; zwischendurch öfter umrühren. Die Gelatine in kaltem Wasser einweichen, gut ausdrücken und mit dem heißen Reis mischen. Den Reis abkühlen, aber nicht gelieren lassen. Die Sahne steif schlagen und unter den Reis heben. Den Reis in die Förmchen geben und mit Frischhaltefolie abdecken. Im Kühlschrank in 4 bis 6 Stunden fest werden lassen.

Für die Sauce die Zitronen waschen und trockenreiben. Von einer Zitrone die Schale mit einem Zestenreißer in Streifen abziehen und die Frucht auspressen. Die andere Zitrone wie einen Apfel schälen, mit einem scharfen Messer zwischen die Trennhäute schneiden und so die Filets lösen. Die Fruchtrückstände zum Saft pressen und die Zitronenfilets sowie die Schalenstreifen zugeben. Die Ingwerstücke sehr fein würfeln und mit 2 bis 3 Teelöffel Ingwersirup einrühren. Die Sauce einmal aufkochen lassen und mit Honig süßen.

Für die Garnitur die Mandelblättchen in einer fettfreien Pfanne goldgelb rösten. Die Reistörtchen auf Dessertteller stürzen, die lauwarme Zitronen-Ingwer-Sauce dazugießen und alles mit Mandelblättchen bestreuen.

Limetten-Joghurt-Mousse

Für die Mousse:
6 Blatt weiße Gelatine
6 bis 7 Limetten
4 Eier
125 g Zucker
1 Vanilleschote
100 g Joghurt
1 Prise Salz
200 ml süße Sahne

Für die Garnitur:
250 g Erdbeeren
2 Pfirsiche
Puderzucker zum Bestäuben
2 Stängel Zitronenmelisse

Tipp:
Wenn Sie statt Limetten Zitronen für dieses Dessert verwenden, dann benötigen Sie etwas weniger Saft und verdünnen ihn mit Weißwein oder Wasser, weil Zitronen kräftiger schmecken als Limetten.

Für die Mousse die Gelatine in kaltem Wasser einweichen. Die Limetten waschen und trockenreiben. Von 2 Limetten die Schalen mit einem Zestenreißer in Streifen abziehen oder mit einem Sparschäler abschälen und in schmale Streifen schneiden.
Alle Limetten auspressen und 200 Milliliter Saft abmessen. Die Eier trennen. Das Eiweiß kühl stellen. Die Eigelbe mit dem abgemessenen Limettensaft, den Schalenstreifen und 100 Gramm Zucker in einen Schneekessel geben, mischen und im Wasserbad schaumig rühren. Die Gelatine gut ausdrücken, bei milder Hitze auflösen und mit der Limettencreme verrühren. Die Vanilleschote längs aufschneiden, das Mark herausschaben und dieses unter die Limettencreme mischen. Den Joghurt unterrühren. Den Schneekessel in eine Schüssel mit eiskaltem Wasser stellen und die Creme kalt schlagen. Das Eiweiß mit etwas Salz halb steif schlagen, den restlichen Zucker unter Rühren einrieseln lassen und das Eiweiß ganz steif schlagen. Die Sahne ebenfalls steif schlagen. Zuerst den Eischnee, dann die Schlagsahne unter die Creme heben. Die Creme in eine Schüssel füllen und 4 bis 6 Stunden kühl stellen.

Für die Garnitur die Erdbeeren putzen, waschen und abtropfen lassen. Die Hälfte der Erdbeeren klein schneiden und mit einem Mixstab pürieren. Die restlichen Erdbeeren in dünne Scheiben schneiden. Die Pfirsiche halbieren, Haut abziehen und die Steine entfernen. Einen Pfirsich klein schneiden und mit einem Mixstab pürieren, die andere Frucht in schmale Spalten schneiden.

Zum Servieren von der Limetten-Joghurt-Mousse mit einem Esslöffel Nocken abstechen und auf Dessertteller setzen. Jeweils etwas Erdbeerpüree und Pfirsichpüree zugeben und die klein geschnittenen Früchte dazulegen. Die Dessertteller mit etwas Puderzucker bestäuben und mit Melisseblättchen garnieren.

Hefepfannkuchen mit Orangensirup

Für 6 Portionen

Für die Pfannkuchen:
250 g Mehl
1 Päckchen Trockenhefe
1 EL Zucker
1 EL Zitronensaft
1 Prise Salz
1 Prise gemahlener Rosmarin
375 ml zimmerwarmes Mineralwasser
2 EL flüssige Butter
Butterschmalz zum Braten
6 EL Mandelblättchen

Für die Füllung:
50 g Pinienkerne
200 g Ricotta oder Magerquark
125 g Crème double
3 EL Sahnejoghurt
5 EL Zucker
2 bis 3 EL Zitronensaft
etwas geriebene Orangenschale
3 eingelegte Ingwerstücke in Sirup
2 Orangen
3 Apfelbananen (Minibananen)

Für den Orangensirup:
75 g Orangenblütenhonig
1 frisches Lorbeerblatt
2 EL brauner Zucker
3 unbehandelte Orangen
2 Stängel Pfefferminze

12 Walnusskerne

Für den Pfannkuchenteig das Mehl in eine Schüssel sieben und mit der Trockenhefe, dem Zucker, dem Zitronensaft, Salz, Rosmarin, Mineralwasser und der flüssigen Butter einen Teig rühren. Die Schüssel abdecken und den Teig an einem warmen Ort 1 Stunde ruhen lassen.

Für die Füllung die Pinienkerne in einer fettfreien Pfanne goldgelb rösten und abkühlen lassen. Ricotta oder Magerquark mit der Crème double und dem Sahnejoghurt glatt rühren. Zucker, Zitronensaft, Pinienkerne und die Orangenschale untermischen. Ingwerstücke fein hacken und mit 2 bis 3 Esslöffel Ingwersirup zur Creme geben. Die Orangen wie Äpfel schälen und mit einem scharfen Messer zwischen die Trennwände schneiden und so die Filets lösen. Die Fruchtrückstände über einem Topf ausdrücken. Die Orangenfilets einmal quer durchschneiden. Die Bananen schälen, längs halbieren und in kleine Stücke schneiden. Die Orangen- und Bananenstücke mit der Creme verrühren.

Für den Sirup den Orangensaft in dem Topf mit dem Honig, dem Lorbeerblatt und dem Zucker bei milder Hitze erwärmen. 2 Orangen waschen, trockenreiben und von einer Frucht die Schale fein abreiben. Von der zweiten Frucht die Schale mit einem Zestenreißer in Streifen abziehen. Alle Orangen auspressen und mit der geriebenen Schale und den Schalenstreifen zum Honig geben. Die Sauce 5 Minuten sprudelnd einkochen lassen. Das Lorbeerblatt entfernen und den Sirup abkühlen lassen.

Für die Pfannkuchen in einer großen Pfanne etwas Butterschmalz erhitzen und ein Sechstel Teig in die Pfanne gießen. Sobald die untere Seite gebacken und die Oberseite noch feucht ist, mit 1 Esslöffel Mandelblättchen bestreuen. Den Pfannkuchen wenden und fertig backen. Herausnehmen und warm halten. Aus dem restlichen Teig auf die gleiche Weise weitere 5 Pfannkuchen backen.

Zum Servieren etwa 10 Pfefferminzblätter in Streifen schneiden und in den Sirup einrühren. Die Walnusskerne grob hacken. Jeden Pfannkuchen mit etwas Creme füllen und zusammenklappen, mit ein paar Walnüssen bestreuen und mit dem Sirup beträufeln.

Mascarponewürfel mit Quitten

Für 6 Portionen

Für den Boden:
100 g Mandelkekse (z. B. Amaretti)
100 g Marzipanrohmasse
40 g Zartbitter-Schokolade
75 g weiche Butter

Für die Mascarpone-creme:
500 g Preiselbeeren
100 g Zucker
1 Zimtstange
5 Blatt weiße Gelatine
2 Blatt rote Gelatine
250 g Mascarpone
150 g Joghurt
4 EL Zitronensaft
2 bis 4 EL Zucker
400 ml süße Sahne

Für die Quitten:
2 Quitten
500 ml Quittensaft oder Wasser
100 g Zucker
1 Päckchen Vanillezucker

Für die Garnitur:
200 ml süße Sahne
1 Päckchen Vanillezucker
Lavendelblüten oder Zitronenmelisse

Für den Boden die Mandelkekse mittelfein zerbröseln. Die Marzipanrohmasse und die Schokolade raspeln. Die Butter schaumig rühren. Alles miteinander mischen. Eine rechteckige Form (20 cm Länge) mit Frischhaltefolie auslegen und die Bröselmasse auf den Boden drücken. Kühl stellen.

Für die Creme die Preiselbeeren verlesen, waschen und mit dem Zucker, wenig Wasser und der Zimtstange aufkochen. Die Preiselbeeren 8 bis 10 Minuten garen und abkühlen lassen. Die Zimtstange entfernen. Etwa zwei Drittel der Preiselbeeren mit einem Mixstab grob pürieren, den Rest beiseite stellen.
Die weiße und rote Gelatine zusammen in kaltem Wasser einweichen. Den Marcarpone mit dem abgekühlten Preiselbeerpüree, dem Joghurt und dem Zitronensaft verrühren. Die Creme nach Bedarf süßen. Die Gelatine ausdrücken und bei milder Hitze auflösen. Einige Esslöffel Creme mit der Gelatine verrühren, zur restlichen Creme geben und mischen. Die Sahne steif schlagen und unterheben. Die Creme auf den Bröselboden streichen. Die Form abgedeckt für 4 Stunden kühl stellen.

Für die Quitten die Früchte abreiben, vierteln, entkernen und schälen. In dem Quittensaft gar kochen, die Früchte dürfen dabei aber nicht zerfallen. Die Quitten abgießen, mit Küchenpapier trockentupfen und in schmale Spalten schneiden. Den Zucker zu einem hellen Karamell schmelzen und die Quittenspalten darin wälzen. Einen Teller mit Vanillezucker bestreuen und die karamellisierten Quitten darauf abkühlen lassen.

Zum Servieren die Sahne mit dem Vanillezucker steif schlagen und auf die fest gewordene Mascarponecreme streichen. Das Dessert in Würfel schneiden. Die Quittenspalten und das restliche Preiselbeerkompott darauf verteilen und mit Lavendelblüten oder Melisseblättern garnieren.

Den Quittensaft kann man nach dem Garen der Früchte mit Zucker süßen, mit 6 Blatt eingeweichter Gelatine binden und in einem flachen Gefäß fest werden lassen. Das Quittengelee anschließend fein würfeln oder mit Plätzchenausstechern Figuren ausstechen und das Dessert damit zusätzlich garnieren.

Pumpernickelparfait mit Sanddornsauce

Für das Parfait:
75 g Zucker
5 EL Weißwein
2 EL Armagnac
100 g Pumpernickel
10 Walnusskerne
20 g Zartbitter-Schokolade
4 Eigelbe
2 Eiweiße
1 Prise Salz
300 ml süße Sahne

Für die Sanddornsauce:
200 g ungesüßter Sanddornsaft
2 bis 3 EL Honig
1 bis 2 EL Zitronensaft

Für die Garnitur:
1 Scheibe Pumpernickel
2 EL Zucker
1 TL Butter

Tipp:
Sanddornsaft finden Sie in Reformhäusern, Naturkostläden und in gut sortierten Supermärkten. Es gibt ungesüßten und gesüßten Saft. Gesüßter Sanddornsaft wird nur noch mit Zitronensaft fein säuerlich gewürzt.

Für das Parfait den Zucker mit dem Weißwein zu einem Sirup einkochen. Den Armagnac einrühren. Den Pumpernickel fein zerbröseln und mit dem Zuckersirup begießen. Die Walnüsse in einer fettfreien Pfanne leicht rösten und mittelfein hacken. Die Schokolade mittelfein raspeln und mit den Walnüssen und den Pumpernickelbrösel mischen. Die Eigelbe in einem Schneekessel im Wasserbad cremig rühren. Den Schneekessel sofort in eine Schüssel mit eiskaltem Wasser stellen und die Creme kalt schlagen, mit der Pumpernickelmischung verrühren. Das Eiweiß mit etwas Salz steif schlagen. Die Sahne ebenfalls steif schlagen. Zuerst den Eischnee unter die Pumpernickelcreme heben, dann die Sahne. Die Masse in 4 Förmchen oder Kaffeetassen füllen. Das Parfait am besten über Nacht im Gefrierschrank fest werden lassen.

Für die Sauce den ungesüßten Sanddornsaft mit Honig süßen und mit Zitronensaft würzen.

Für die Garnitur die Scheibe Pumpernickel fein zerbröseln. Den Zucker mit der Butter leicht bräunen und die Pumpernickelbrösel darin wenden. Auf einem Teller abkühlen lassen.

Zum Servieren das Parfait etwa 30 Minuten vor dem Anrichten aus dem Gefriergerät nehmen. Etwas Sanddornsauce auf 4 Dessertteller verteilen, das Parfait dazugeben und mit den Pumpernickelbröseln bestreuen.

Der sperrige Sanddornstrauch gedeiht am besten auf sandigen und felsigem Gelände. In Asien trifft man ihn sogar noch in 5000 Meter Höhe an. Beim Sanddornstrauch unterscheidet man zwischen männlichen und weiblichen Sträuchern. Wer was ist, erkennt man nur im Herbst, wenn die orangeroten Beeren Mensch und Tier anlocken, denn nur der weibliche Strauch schmückt sich mit den leuchtenden und vitaminreichen Früchten. Wildwachsende Sanddornbeeren sind schwer zu pflücken, weil die Beeren fest an den Zweigen sitzen und bei Berührung aufplatzen. Also lieber in einen Laden gehen und den gesunden Saft in Flaschen kaufen.

Vanilleparfait auf Knuspertalern

Für 6 Portionen

Für die Knuspertaler:
100 g Puderzucker
25 g Mandelblättchen
2 EL gehackte Pistazien
1 EL Butter
1 TL Honig
etwas Mandelöl

Für das Vanilleparfait:
2 Eier
2 Eigelbe
125 g Zucker
2 Vanilleschoten
etwas geriebene Zitronenschale
400 ml süße Sahne

Für die Garnitur:
4 Kakifrüchte
1-2 EL Zitronensaft
2 EL gehackte Pistazien

Tipp:
Statt der Knuspertaler können Sie aus Sandkuchenscheiben runde Plätzchen ausschneiden und das Parfait darauf anrichten.

Für die Knuspertaler den Puderzucker zu einem hellen Karamell schmelzen und die Mandeln und Pistazien darin wenden, bis sie mit Karamell überzogen sind. Neben dem Herd kurz ruhen lassen. Die Butter und den Honig einrühren. Die Masse abkühlen, aber nicht fest werden lassen. Die Krokantmasse entweder dünn auf geölte Alufolie streichen und 6 runde Plätzchen ausschneiden oder die lauwarme Masse in kleine Metallringe drücken und fest werden lassen.

Für das Parfait die Eier mit den Eigelben und dem Zucker in einem Schneekessel mischen. Die Vanilleschoten längs aufschneiden und das Mark herausschaben. Zitronenschale, Mark und Schoten zu den Eiern geben und im Wasserbad schaumig rühren. Den Schneekessel in eine Schüssel mit eiskaltem Wasser stellen und die Creme kalt schlagen. Die Sahne steif schlagen. Die Vanilleschoten entfernen und die Schlagsahne unter die Creme heben. Die Vanillemasse in 6 Förmchen füllen und über Nacht im Gefriergerät fest werden lassen.

Für die Garnitur die Kakifrüchte halbieren und das Fruchtfleisch herauslösen. Oder die Früchte schälen und das Fruchtfleisch mit etwas Zitronensaft verrühren.

Zum Servieren das Parfait etwa 30 Minuten vor dem Anrichten aus dem Gefriergerät nehmen. Die Kakizubereitung auf Dessertteller verteilen. Die Knuspertaler neben die Kakizubereitung setzen, die Parfaits auf die Taler stürzen und mit Pistazien bestreuen.

Kakifrüchte sind echte Winterfrüchte. Dieses Vanilleparfait schmeckt aber auch mit anderen Früchten, seien es Erdbeeren oder andere Sommerfrüchte, Rhabarber oder Zubereitungen aus exotischen Früchten wie Ananas, Orangen, Mango, Papaya oder Feigen. Die Früchte können, in mundgerechte Stücke geschnitten, mit etwas Honig oder Zucker gemischt werden oder man püriert und süßt sie.

Orangenparfait mit Likörsauce

Für die Marmelade:
150 g Kumquats (Zwergorangen)
150 g Gelierzucker
2 EL Zitronensaft
2 EL Weinbrand

Für das Orangenparfait:
1 unbehandelte Orange
1 EL Orangenblütenhonig
2 Eier
3 Eigelbe
125 g Zucker
1 Prise Salz
400 ml süße Sahne

Für die Früchte:
1 Orange
1 Babyananas
200 g Erdbeeren
1 Stück frischer Ingwer
2 EL Puderzucker

Für die Likörsauce:
2 unbehandelte Orangen
4 EL Butter
6 EL Orangenlikör (z. B. Cointreau)
4 EL Limettenlikör

Für die Garnitur:
2 Stängel Pfefferminze

Für die Marmelade die Kumquats putzen, waschen und klein schneiden. Die Früchte mit dem Gelierzucker und dem Zitronensaft mischen und unter Rühren zum Kochen bringen. Die Marmelade 3 Minuten sprudelnd kochen lassen. Vom Herd nehmen, den Weinbrand einrühren, mit einem Mixstab pürieren und abkühlen lassen.

Für das Parfait die Orange waschen, trockenreiben und die Schale mit einem Zestenreißer in Streifen abziehen. Die Frucht auspressen und die Schalenstreifen im gewonnenen Saft 5 Minuten kochen. Den Honig einrühren.
Die Eier mit den Eigelben, dem Zucker und dem Salz in einen Schneekessel geben und im Wasserbad schaumig rühren. Den Schneekessel in eine Schüssel mit eiskaltem Wasser stellen und die Creme kalt schlagen. Die Orangenschale einrühren. Die Sahne steif schlagen und unter die abgekühlte Eicreme heben. Die Hälfte der Parfaitmasse in eine Kastenform (22 bis 28 cm Länge) füllen und die Kumquatmarmelade in unregelmäßigen Streifen darauf verteilen. Die restliche Creme darüber geben und glatt streichen. Die Form mit Frischhaltefolie bedecken und das Parfait im Gefriergerät über Nacht fest werden lassen.

Für die Früchte die Orange und die Ananas schälen. Die Orange in dünne Scheiben, die Ananas in schmale Spalten schneiden. Die Erdbeeren putzen, waschen und abtropfen lassen. Die Früchte nebeneinander auf einen Teller legen. Den Ingwer schälen, reiben und durch ein kleines Sieb über den Früchten ausdrücken. Die Früchte mit Puderzucker bestäuben.

Für die Sauce eine Orange waschen, trockenreiben und die Schale abreiben. Beide Früchte auspressen und den Saft mit der abgeriebenen Schale, der Butter und den Likören unter Rühren kurz erwärmen.

Zum Servieren das Parfait etwa 30 Minuten vor dem Anrichten aus dem Gefriergerät nehmen und in Scheiben schneiden. Die Parfaitscheiben mit den Früchten und der Likörsauce anrichten. Mit einigen Pfefferminzblättern garnieren.

Berühmte Desserts aus aller Welt

Plumpudding aus England

Für 8 Portionen

125 g altbackenes Toastbrot
1 fester Apfel
125 g Rindernierenfett
100 g weiche Backpflaumen ohne Kern
100 g weiche Feigen
125 g Rumrosinen (Fertigprodukt)
50 g Zitronat
50 g Orangeat
50 g kandierte Kirschen
50 g eingelegte Ingwerstücke in Sirup
4 Eier
75 g Mandelstifte
1 TL geriebene Orangenschale
1 TL geriebene Zitronenschale
1 TL Lebkuchengewürz
1 TL Zimtpulver
½ TL gemahlene Gewürznelken
½ TL Mazis (Muskatblüte)
½ TL Salz
125 g brauner Zucker
4 EL Zitronensaft
4 EL Orangensaft
125 ml trockener Sherry
100 g Mehl
etwas Weinbrand
Butter zum Einfetten
brauner Rum (45 Vol.-%) zum Flambieren
70 ml Apricot Brandy
100 ml Orangensaft
50 g Butter

Für den Teig das Brot fein reiben. Den Apfel waschen, entkernen und grob raspeln. Das Nierenfett durch den Fleischwolf drehen oder fein hacken. Backpflaumen und Feigen in schmale Streifen schneiden. Brösel, Apfelraspel, Fett, Backpflaumen, Feigen, Rumrosinen, Zitronat und Orangeat in einer großen Schüssel mischen. Die Kirschen halbieren. Die Ingwerstücke fein würfeln. Beides mit 2 Esslöffel Ingwersirup, den Eiern, Mandeln, allen Gewürzen, dem Zucker, den Zitrussäften, Sherry und Mehl in die Schüssel zu den anderen Zutaten geben und alles miteinander vermengen. Die Schüssel abdecken und die Mischung an einem kühlen Ort 48 Stunden durchziehen lassen. Falls der Teig nach 2 Tagen zu krümelig ist, noch etwas Weinbrand zufügen. Eine Puddingform gut mit weicher Butter einfetten und den Teig einfüllen. Den Deckel ebenfalls mit Butter einfetten und die Form schließen. Die Form in einen großen Topf setzen, auf dessen Boden ein Ausstecher oder eine andere Vorrichtung liegt, damit die Form nicht auf dem Topfboden aufsitzt. So viel heißes Wasser angießen, dass die Form gut zur Hälfte in Wasser steht. Den Plumpudding im Wasserbad 5 bis 6 Stunden bei milder Hitze garen, zwischendurch immer wieder heißes Wasser nachgießen. Den Plumpudding in der Form 1 Stunde auskühlen lassen. Stürzen, vollständig abkühlen lassen und fest in Alufolie wickeln. Den Pudding 3 bis 4 Wochen kühl stellen.

Vor dem Servieren die Form erneut mit Butter einfetten. Den Plumpudding wieder einsetzen und im heißen Wasserbad etwa 2 Stunden erwärmen. Auf eine Platte stürzen und flambieren. Dafür den Rum auf eine kleine Schöpfkelle gießen, über den gestürzten Plumpudding träufeln und anzünden.

Für die Sauce den Brandy mit dem Orangensaft und der Butter erwärmen. Getrennt zum flambierten Plumpudding reichen.

Der Plumpudding gehört zum englischen Weihnachtsfest wie der Tower nach London. Der Plumpudding schmeckt umso besser, je länger er gut verpackt ruhen darf. Länger als 5 Wochen sollten es jedoch nicht sein.

Club

Desserts aus Dänemark

APFELTRAUM

500 g feste Äpfel
500 ml Apfelsaft
4 EL Honig
1 Zimstange
2 Gewürznelken
etwas geriebene Zitronenschale

Butter für die Form
125 g weiche Butter
75 g Zucker
3 Eier
50 g gehackte Mandeln
50 g gemahlene Mandeln
Salz
1 EL Zitronensaft

VERSCHLEIERTES BAUERNMÄDCHEN

3 Scheiben Vollkornbrot
3 Scheiben Pumpernickel
100 g Butter
50 g Zucker
4 EL gehackte Haselnüsse
40 g Zartbitter-Schokolade
1 Prise Zimt
4 EL dickes Apfelmus
6 EL Preiselbeerkompott
4 EL Mandelblättchen
200 ml süße Sahne
1 Päckchen Vanillezucker

APFELTRAUM

Die Äpfel halbieren, schälen und entkernen. Den Apfelsaft mit dem Honig, der Zimtstange, den Gewürznelken und der Zitronenschale zum Kochen bringen und die Äpfel darin 5 bis 7 Minuten garen. Die Äpfel im Saft abkühlen lassen.

Den Backofen auf 180 °C (Gas Stufe 2-3, Umluft 160 °C) vorheizen. Eine feuereste Form mit weicher Butter einfetten und die abgekühlten Äpfel mit der runden Seite nach oben in die Form legen.

Die Butter mit dem Zucker schaumig rühren. Die Eier trennen. Die Eigelbe zur Butter-Zucker-Masse geben und schaumig rühren. Die Mandeln einrühren. Das Eiweiß mit Salz und Zitronensaft steif schlagen und unter die Mandelmasse heben. Den Mandelschaum über die Äpfel gießen. Den Auflauf im heißen Backofen auf der mittleren Schiene in 20 bis 25 Minuten goldbacken. Lauwarm servieren.

VERSCHLEIERTES BAUERNMÄDCHEN

Alle Brotscheiben fein zerbröseln. Die Butter erhitzen und die Brösel darin rösten. Den Zucker und die Haselnüsse zufügen und kurz mitrösten. Die Schokolade fein raspeln, mit dem abgekühlten Brot mischen und mit etwas Zimt würzen.

Auf 4 Dessertteller je einen Metallring setzen. Einige Brösel auf den Boden drücken. Darüber folgen jeweils eine Schicht Apfelmus, eine Schicht Brösel und eine Schicht aus 4 Esslöffel Preiselbeerkompott. Den Abschluss bilden wieder Brösel. Die Dessertteller kühl stellen.

Die Mandelblättchen in einer fettfreien Pfanne goldgelb rösten und abkühlen lassen. Die Sahne mit den Vanillezucker halb steif schlagen. Die Metallringe entfernen und die Sahne halb über das Dessert gießen. Zum Schluss mit Mandelblättchen und den restlichen Preiselbeeren garnieren.

Desserts aus Österreich

SALZBURGER NOCKERLN

2 Eigelbe
1 Päckchen Vanillezucker
1 TL geriebene Zitronenschale
1 EL Speisestärke
4 Eiweiße
1 TL Zitronensaft
1 Prise Salz
6 EL Zucker
Butter für die Form
1 Vanilleschote
250 ml süße Sahne
4 Eigelbe
1 EL Weinbrand
Puderzucker zum Bestäuben

MOHR IM HEMD

50 g Haselnüsse
50 g Zartbitter-Schokolade
3 Eier
50 g weiche Butter
50 g Zucker
2 Löffelbiskuits
1 Prise Salz
1 Päckchen Vanillezucker
Butter und Zucker für die Förmchen
125 g weiße Kuvertüre
100 ml süße Sahne
1 Päckchen Vanillezucker
4 EL Orangenlikör (z. B. Cointreau)
1 Stück Zartbitter-Kuvertüre

SALZBURGER NOCKERLN

Für den Teig die Eigelbe mit Vanillezucker und Zitronenschale in einem Schneekessel im Wasserbad schaumig rühren. Die Speisestärke darüber stäuben und unterrühren. Den Schneekessel in eine Schüssel mit kaltem Wasser stellen und die Masse kalt schlagen. Das Eiweiß mit Zitronensaft und etwas Salz halb steif schlagen, 3 Esslöffel Zucker unter Rühren einrieseln lassen und ganz steif schlagen. Den Eischnee unter die abgekühlte Eimasse heben. Den Backofen auf 180 °C (Gas Stufe 2-3, Umluft nicht geeignet) vorheizen. Eine feuerfeste Form einfetten. Die Eimasse in 3 Portionen hügelförmig in die Form setzen. Die Form auf die zweite Schiene von unten in den Backofen stellen und die Nockerln in 10 bis 12 Minuten goldgelb backen. Für die Sauce die Vanilleschote längs aufschneiden und das Mark herausschaben. Beides mit der Sahne, 3 Esslöffel Zucker und den Eigelben bei milder Hitze unter Rühren erhitzen bis die Sauce cremig ist. Die Schote entfernen und den Weinrand einrühren. Die warme Vanillesauce auf den Boden der Form gießen und alles mit Puderzucker bestäuben.

MOHR IM HEMD

Die Nüsse in einer fettfreien Pfanne rösten, herausnehmen und die Haut abreiben. Die Schokolade grob hacken und bei milder Hitze auflösen. Den Backofen auf 200 °C (Gas Stufe 3-4, Umluft 180 °C) vorheizen. Die Eier trennen. Das Eiweiß kühl stellen. Die Butter schaumig rühren. Eigelbe und Zucker unter die Butter rühren. Die Schokolade einarbeiten. Die Löffelbiskuits zerbröseln und mit den Nüssen unter die Creme mischen. Das Eiweiß mit etwas Salz und Vanillezucker steif schlagen und den Eischnee unter die Creme heben. 4 bis 6 feuerfeste Förmchen mit Butter einfetten und mit Zucker ausstreuen. Die Masse einfüllen, die Förmchen in einen Topf setzen und so viel heißes Wasser angießen, dass sie gut zur Hälfte im Wasser stehen. Im Backofen in 30 bis 35 Minuten garen. Für die Sauce die weiße Kuvertüre mit der Sahne und 4 bis 6 Esslöffel Wasser auflösen. Mit Vanillezucker und Likör aromatisieren. Zum Servieren von der Zartbitter-Kuvertüre mit einem Sparschäler Locken abschneiden. Das Dessert auf Teller stürzen, mit Sauce begießen und mit den Locken garnieren.

Desserts aus Italien

ZUPPA INGLESE

3 Scheiben Panettone oder Sandkuchen
Mandellikör (z. B. Amaretto)
1 Blatt weiße Gelatine
2 Eigelbe
75 g Zucker
1 Päckchen Vanillezucker
150 g Ricotta oder Magerquark
50 g gehackte kandierte Früchte
2 EL Zitronensaft
250 ml süße Sahne
150 g Zartbitter-Schokolade
1 Tasse Espresso
35 g Mandelkekse (z. B. Amaretti)
2 Eiweiße
3 EL Puderzucker
4 EL gehackte Pinienkerne

HEISSE PFIRSICHE

2 weiße Pfirsiche
2 gelbe Pfirsiche
500 ml Pfirsichnektar
100 g Mandelkekse (z. B. Amaretti)
8 bis 10 EL Mandellikör (z. B. Amaretto)
2 EL gehackte Mandeln
2 EL flüssige Butter
1 Eigelb
8 ganze Mandeln, gehäutet
Hagelzucker zum Bestreuen
125 ml süße Sahne

ZUPPA INGLESE

Die Kuchenscheiben mit etwas Mandellikör beträufeln. Für die helle Creme die Gelatine kalt einweichen. Eigelbe mit Zucker und Vanillezucker im Wasserbad schaumig rühren. Ricotta und Früchte untermischen. Die Gelatine ausdrücken, in 2 Esslöffel Mandellikör erwärmen und mit 1 Esslöffel Zitronensaft unter die Creme rühren. 100 Milliliter Sahne steif schlagen und unter die Creme heben. Für die Schokoladencreme gut 100 Gramm Schokolade grob hacken und im Espresso erwärmen. Die Kekse zerbröseln. 50 Milliliter Sahne mit den Bröseln unter die aufgelöste Schokolade rühren. Die restliche Schokolade fein raspeln, die restliche Sahne steif schlagen und beides unter die Creme heben.
1 Kuchenscheibe in eine feuerfeste Form legen und mit der hellen Creme bestreichen. Die zweite Scheibe auflegen, leicht andrücken, mit der Schokoladencreme bestreichen und mit der dritten Scheibe bedecken. 4 Stunden kühlen. Den Grill vorheizen. Eiweiß mit 1 Esslöffel Zitronensaft und Puderzucker steif schlagen. Pinienkerne unterheben. Eischnee über das Dessert verteilen, kurz unterm Grill bräunen.

HEISSE PFIRSICHE

Die Pfirsiche halbieren, entsteinen und die Haut abziehen. Den Pfirsichnektar erhitzen und die Pfirsiche darin 5 Minuten garen. Herausnehmen, die Vertiefungen der Früchte etwas vergrößern und das ausgelöste Fruchtfleisch klein schneiden. Die Kekse zerbröseln und mit dem Fruchtfleisch mischen. 6 Esslöffel Mandellikör, die Mandeln, die Butter und das Eigelb zugeben und alles gut miteinander verrühren. Falls die Füllung zu trocken ist, noch etwas Mandellikör zugeben.
Den Backofen auf 200 °C (Gas stufe 3-4, Umluft 180 °C) vorheizen. Die Füllung in die ausgehöhlten Pfirsichhälften verteilen und in die Mitte jeweils 1 Mandel drücken. Die Früchte in eine feuerfeste Form setzen. Etwas Pfirsichnektar und den restlichen Likör dazugießen. Die Form auf die mittlere Schiene in den Backofen stellen und das Dessert 15 Minuten backen. Die Form aus dem Backofen nehmen und das Dessert mit etwas Hagelzucker bestreuen. Die Sahne steif schlagen und 2 Esslöffel Mandellikör einrühren. Die aromatisierte Sahne zu den warmen Früchten reichen.

Desserts aus Spanien

GEBACKENE MILCH MIT SHERRYFRÜCHTEN

100 g Butter
125 g Mehl
250 ml Milch
1 Vanilleschote
etwas geriebene Zitronenschale
etwas geriebene Orangenschale
175 g Zucker
1 Prise Salz
5 Eigelbe
etwas Öl für die Form
1 Ei
75 g gemahlene Mandeln
75 g Paniermehl
½ TL gemahlener Anis
etwas Mehl zum Bestäuben
Butterschmalz zum Braten
3 Orangen
125 g Erdbeeren
6 EL trockener Sherry

ORANGENCREME

215 g Zucker
8 Blatt weiße Gelatine
4 Eigelbe
4 EL Orangenlikör
400 ml Orangensaft (frisch)
2 EL Zitronensaft
1 TL geriebene Orangenschale
3 Eiweiße
1 Prise Salz
200 ml süße Sahne
2 unbehandelte Orangen
2 EL Creamsherry
1 TL Kakaopulver

GEBACKENE MILCH MIT SHERRYFRÜCHTEN

Am Vortag die Butter erhitzen, das Mehl dazusieben und glatt rühren. Nach und nach die Milch einrühren. Die Vanilleschote längs aufschneiden und das Mark herausschaben. Vanillemark, Zitronenschale, Orangenschale, 125 Gramm Zucker und Salz in die Milch einrühren. Die Masse bei milder Hitze unter Rühren 3 Minuten köcheln lassen.
4 Eigelbe mit einer Gabel kurz aufschlagen und in die heiße Masse einrühren. 1 bis 2 Minuten erhitzen, aber nicht kochen lassen. Eine flache Form dünn mit Öl bestreichen und die Masse einfüllen. Offen über Nacht auskühlen lassen. Am nächsten Tag die Creme stürzen und in Rauten schneiden. 1 Eigelb mit dem Ei verrühren. Mandeln, Paniermehl und Anispulver mischen. Butterschmalz erhitzen. Die Rauten beidseitig mit Mehl bestäuben, durch das Ei ziehen, in die Mandelmischung drücken und goldgelb ausbacken. Für die Sherryfrüchte die Orangen wie Äpfel schälen, die Filets herauslösen und die Fruchtrückstände ausdrücken. Erdbeeren putzen und in dünne Scheiben schneiden. 50 Gramm Zucker zu Karamell schmelzen, mit Sherry und Orangensaft ablöschen und über die Orangen und Erdbeeren gießen.

ORANGENCREME

100 Gramm Zucker zu hellem Karamell schmelzen, in eine Savarinform gießen und fest werden lassen. Die Gelatine 10 Minuten in kaltem Wasser einweichen. Die Eigelbe mit 100 Gramm Zucker im Wasserbad cremig aufschlagen. Die Gelatine gut ausdrücken und in dem Likör bei milder Hitze auflösen. Mit der Eigelbmasse mischen. Beide Zitrussäfte und die Orangenschale einrühren. Die Creme kühl stellen, aber nicht gelieren lassen. Das Eiweiß mit etwas Salz steif schlagen. Die Sahne steif schlagen. Zuerst den Eischnee, dann die Sahne unter die Creme heben und in die Form gießen. Mindestens 6 Stunden kühl stellen. Orangen waschen, trockenreiben und Schalenstreifen abziehen. Die Früchte schälen, die Filets auslösen und die Fruchtrückstände ausdrücken. Mit dem restlichen Esslöffel Zucker und Sherry mischen und über die Filets gießen. Eine Platte mit Kakao bestäuben, die Creme darauf stürzen und garnieren.

Eierküchlein aus Frankreich

CRÊPES LAGUIPIERE

Für die Crêpes:
5 Eier
1 Prise Salz
4 EL Puderzucker
250 g Mehl
etwa 400 ml Milch
3 EL flüssige Butter
2 EL Apricot Brandy
1 Schuss Mineralwasser
Butterschmalz zum Braten

Für die Sauce:
75 g Haselnüsse
100 g Herrenschokolade
125 ml süße Sahne
75 g Butter
etwa 6 EL Orangenlikör (z. B. Grand Marnier)
Cognac zum Flambieren

Tipp:
Am besten gelingen die berühmten französischen Pfannkuchen, wenn sie in einer speziellen Pfanne mit schwerem Boden gebacken werden. Sie gelingen aber auch in einer beschichteten Pfanne. Wichtig ist, dass die Crêpes wirklich hauchdünn sind. Falls zu viel Teig in der Pfanne ist, kann man ihn leicht abgießen, sobald die Unterseite des Crêpe gebacken und die Oberseite noch flüssig ist.

Für die Crêpes die Eier mit etwas Salz und dem gesiebten Puderzucker verrühren. Das Mehl mit der Milch mischen. Beide Massen miteinander vermengen und die Butter, den Apricot Brandy und etwas Mineralwasser einrühren. Den Teig bei Zimmertemperatur 1 Stunde ausquellen lassen.
Den Teig vor der Zubereitung durch ein Sieb gießen. Falls er nicht dünnflüssig genug ist, noch etwas Mineralwasser unterrühren. In einer Pfanne etwas Butterschmalz erhitzen, etwas Teig zugeben und durch Schwenken der Pfanne zu einem ganz dünnen Crêpe verlaufen lassen. Sobald die Unterseite goldbraun ist, den Crêpe wenden und auf der anderen Seite fertig backen. Die Crêpes übereinander legen und mit Frischhaltefolie bis zum Servieren abdecken.

Für die Sauce die Haselnüsse in einer fettfreien Pfanne rösten bis sie duften. In ein Küchentuch geben und darin hin- und herrubbeln, bis die braune Haut fast vollständig entfernt ist. Die Haselnüsse grob hacken.
Die Schokolade grob zerkleinern. Die Sahne mit der Butter erwärmen und die Schokolade darin bei milder Hitze auflösen. 1 Esslöffel Orangenlikör und die gehackten Haselnüsse einrühren. Die Sauce warm halten.

Zum Servieren die Crêpes in der Mikrowelle oder in wenig Butter in einer Pfanne erwärmen. Jeden Crêpe mit etwas Schokoladen-Nuss-Sauce bestreichen, zur Hälfte zusammenklappen, mit etwas Orangenlikör beträufeln und zu einem Viertel zusammenlegen. Die gefüllten Crêpes am besten in einer Kupferpfanne warm halten bis alle Crêpes gefüllt sind. Etwas Cognac auf einen Löffel geben, über die Crêpes gießen und anzünden. Sobald der Alkohol verbrannt ist, die Crêpes auf vorgewärmten Tellern anrichten.

Der berühmte Koch und Feinschmecker Antoine Carême (1783 bis 1833), viel bewundert aufgrund seiner monströsen Tafelaufbauten, hatte in Monsieur Laguipière (1750 bis 1812), dem Küchenchef von Napoleon I., einen guten Lehrmeister. Ihm verdankt die Nachwelt diese köstlichen Crêpes.

MARTE
Grand Marnie

Desserts aus der Türkei

GEBACKENES ENGELSHAAR

75 g Zucker
75 g Honig
2 EL Zitronensaft
80 g ungesalzene Pistazien
250 g frisches Engelshaar
etwa 100 g Butter
125 g Frischkäse aus Kuh- oder Ziegenmilch

Tipp:
In türkischen Lebensmittelgeschäften bekommen Sie sowohl frische, tiefgefrorene als auch getrocknete Engelhaar-Teigfäden (Kadaif). Die getrockneten Fäden müssen zwischen feuchten Küchentüchern aufgeweicht werden.

NOAHS SÜSSSPEISE

125 g Weizenkörner
125 g gekochte Kichererbsen
125 g getrocknete Aprikosen
100 g getrocknete Feigen
100 g Datteln ohne Kern
125 g Rosinen
100 g Honig
150 g Zucker
1 TL Zimt
1 TL Lebkuchengewürz
4 EL Rosenwasser
3 Orangen
1 Granatapfel
125 g gehackte Walnüsse

GEBACKENES ENGELSHAAR

Den Zucker mit Honig, 100 Milliliter Wasser und Zitronensaft bei milder Hitze etwas einkochen. Die Pistazien fein hacken. Die Engelshaarfäden 20 bis 25 Minuten in feuchte Küchentücher wickeln. Anschließend in 8 Portionen teilen. Den Backofen auf 200 °C (Gas Stufe 3-4, Umluft 180 °C) vorheizen. Die Butter verflüssigen und ein Backblech mit Butter einfetten.
Die Hälfte des Engelshaars in 4 Häufchen auf das Backblech setzen und mit etwas Butter beträufeln. Den Käse mit einer Gabel zerkrümeln und in die Mitte der Teigfäden setzen. Mit einigen Pistazien bestreuen und mit etwas Butter beträufeln. Jeweils eine zweite Portion Engelshaar auf den Käse platzieren, etwas andrücken und mit der restlichen Butter beträufeln. Das Backblech auf die mittlere Schiene in den Backofen schieben und das Dessert in 15 bis 20 Minuten goldgelb backen. Auf Desserttellern anrichten, mit dem Sirup beträufeln und mit den restlichen Pistazien bestreuen.

NOAHS SÜSSSPEISE

Die Weizenkörner über Nacht in kaltem Wasser einweichen. Am nächsten Tag das Einweichwasser abgießen und die Körner mit frischem Wasser bedecken. Aufkochen, die Hitze reduzieren und die Körner in 2 Stunden bei milder Hitze köcheln lassen. Die Kichererbsen ohne Flüssigkeit zum Weizen geben und für 1 weitere Stunde mitkochen. Die Hälfte der Masse grob pürieren und mit den ganzen Körnern wieder mischen. Aprikosen, Feigen und Datteln vierteln. Mit den Rosinen mischen und 30 Minuten in warmem Wasser einweichen. Mit Honig, Zucker, Zimt und Lebkuchengewürz zur Weizenmischung geben und soviel Wasser zugießen, dass die Masse nicht zu dick, aber auch nicht zu flüssig ist. Das Ganze einmal aufkochen und mit dem Rosenwasser aromatisieren. Die Orangen waschen und wie Äpfel schälen. Die Früchte in Scheiben schneiden und diese vierteln. Den Granatapfel quer halbieren und die einzelnen Kerne auslösen. Zum Servieren das lauwarme Dessert mit einem Großteil der Orangen, Granatapfelkerne und Walnüssen mischen, den Rest über das Dessert streuen.

Desserts aus Griechenland

HONIG-FRISCHKÄSE-AUFLAUF

4 Eier
75 g Zucker
1 Päckchen Vanillezucker
1 TL Zimt
etwas geriebene Zitronenschale
1 Prise Salz
250 g Magerquark
200 g körniger Frischkäse
125 ml süße Sahne
1 Päckchen Vanillepuddingpulver
200 g Honig
125 g Rumrosinen (Fertigprodukt)
4 EL gehackte Mandeln
Butter für die Form
2 EL gehackte Pistazien

MELONEN-KALTSCHALE

2 Netzmelonen
6 EL Orangenlikör (z. B. Cointreau)
2 unbehandelte Orangen
1 unbehandelte Zitrone
125 g helle Weinrauben
125 g blaue Weintrauben
200 g griechischer Rahmjoghurt
½ TL Zimt
2 EL Puderzucker
12 grob gehackte Walnusskerne
4 EL Honig
2 Stängel Pfefferminze

HONIG-FRISCHKÄSE-AUFLAUF

Die Eier trennen. Das Eiweiß halb steif schlagen, den Zucker unter Rühren einrieseln lassen und ganz steif schlagen. Den Eischnee kühl stellen.
Die Eigelbe mit Vanillezucker, Zimt, Zitronenschale und Salz cremig rühren. Den Quark mit dem Frischkäse, der Sahne, dem Vanillepuddingpulver und dem Honig glatt rühren. Die Eigelbmasse mit dem Quark verrühren. Die Rumrosinen und die gehackten Mandeln zugeben. Den Eischnee unterheben.
Den Backofen auf 200 °C (Gas Stufe 3-4, Umluft 180 °C) vorheizen. Eine Springform (22 cm Durchmesser) mit Butter einfetten und die Creme einfüllen.
Die Form auf die mittlere Schiene in den Backofen stellen und den Auflauf 45 bis 50 Minuten backen. Die Form aus dem Backofen herausnehmen und den Auflauf in der Form 1 Stunde auskühlen lassen. Aus der Form lösen und mit Pistazien bestreuen.

MELONEN-KALTSCHALE

Die Melonen längs halbieren und die Kerne entfernen. Das Fruchtfleisch herauslösen und in kleine Würfel schneiden. Die ausgehöhlten Melonenhälften kühl stellen.
Das Fruchtfleisch mit dem Likör übergießen und mindestens 2 Stunden durchziehen lassen.
1 Orange und die Zitrone waschen und trockenreiben. Die Schalen mit einem Zestenreißer in Streifen abziehen. Beide Orangen wie Äpfel schälen und in mundgerechte Stücke schneiden. Die Zitrone auspressen.
Die Weintrauben waschen, halbieren und entkernen. Orangen, Schalenstreifen, etwas Zitronensaft und Weinrauben mit den Melonenwürfeln mischen. Den Joghurt mit Zimt, etwas Zitronensaft und gesiebtem Puderzucker verrühren. Zum Servieren die Früchte in die ausgehöhlten Melonenhälften füllen. Joghurt und Walnüsse darüber verteilen und mit Honig beträufeln. Einige Pfefferminzblätter in Streifen schneiden und darüber streuen.

Desserts aus dem Orient

GEFÜLLTE FEIGEN

12 frische Feigen
6 bis 8 EL Orangenlikör (z. B. Cointreau)
24 Walnusskerne
250 ml süße Sahne
4 bis 6 EL Honig
1 TL geriebene Orangenschale
2 EL Puderzucker

Tipp:
Dieses Dessert kann auch mit saftigen, getrockneten Feigen zubereitet werden. In diesem Fall sollten die Feigen einige Zeit in warmem Wasser eingeweicht werden, bevor sie halbiert und mit Likör beträufelt werden.

SÜSSE NUDELN

750 ml Milch
1 Prise Salz
200 g Fadennudeln
4 EL Butter
125 g frische, ausgereifte Datteln
100 g Mandelstifte
200 ml süße Sahne
1 Päckchen Vanillezucker
1 TL Zimt
4 EL Zucker
40 g ungesalzene Pistazien

GEFÜLLTE FEIGEN

Die Feigen waschen und trockenreiben. Die Früchte längs halbieren, aber am Stiel zusammen lassen. Die Feigen nebeneinander in eine flache Form legen und die Schnittflächen mit dem Orangenlikör beträufeln. Die Feigen 2 Stunden durchziehen lassen. Jeweils 1 Walnusskern in 1 Feigenhälfte legen und die Früchte zusammendrücken. Die Sahne halb steif schlagen und mit 4 Esslöffel Honig süßen. Die Sahne über die Feigen gießen und 1 bis 2 Stunden kühl stellen. Zum Servieren die Feigen auf Dessertteller legen, mit etwas Honig beträufeln sowie mit Orangenschale und etwas gesiebtem Puderzucker bestreuen.

SÜSSE NUDELN

Die Milch in einem Topf mit dem Salz zum Kochen bringen und die Nudeln darin in einigen Minuten weich kochen. Die Nudeln abgießen und sofort mit der Butter mischen.
Die Datteln entsteinen und fein würfeln. Die Mandelstifte in einer fettfreien Pfanne goldgelb rösten. Die Sahne mit dem Vanillezucker, Zimt und Zucker zum Kochen bringen. Nudeln, Datteln und Mandeln zur Sahne geben und einige Minuten mitkochen. Die Pistazien grob hacken und die Hälfte zu den Nudeln geben. Die Nudeln in eine Glasschale füllen und abkühlen lassen. Das abgekühlte Dessert mit den restlichen Pistazien bestreuen.

Dieses Schirkuma genannte süße Nudelgericht verzehrt man im Vorderen Orient gern in fröhlicher Runde, wenn der Fastenmonat Ramadan beendet ist. Die Speise kann auch lauwarm serviert werden.

Desserts aus Asien

Reispudding
250 g Klebreis
1120 ml Kokosmilch
1 TL Salz
2 Stängel Zitronengras
75 g Zucker
Butter für die Form
1 Stück frischer Ingwer
125 g Palmzucker oder brauner Zucker
175 ml frisch gepresster Orangensaft
1 bis 2 EL Zitronensaft

Bananen in Reispapier
4 Litschis
4 Kumquats (Zwergorangen)
4 Pflaumen
125 ml frisch gepresster Orangensaft
50 g Palmzucker oder brauner Zucker
2 EL Butter
6 Blätter Reispapier
1 Stück frischer Ingwer
4 Bananen
Butterschmalz zum Braten
2 Stängel Pfefferminze

Reispudding
Für den Pudding den Reis unter fließendem Wasser waschen und auf Küchentüchern trocknen lassen. 800 Milliliter Kokosmilch mit dem Salz zum Kochen bringen. Falls die Kokosmilch zu dickflüssig ist, mit etwas Milch oder Wasser verdünnen. Den unteren Teil der Zitronengrasstängel breit klopfen und mit dem Reis zur Kokosmilch geben. Den Reis bei milder Hitze in 20 bis 30 Minuten ausquellen lassen. Eventuell überschüssige Flüssigkeit abgießen. Den Zucker einrühren. Den Reis mit einem Küchentuch abdecken und ausdampfen lassen. Die Zitronengrasstängel entfernen. Eine Gugelhupfform mit Butter einfetten und den Reis hineindrücken. Über Nacht in den Kühlschrank stellen.
Für die Sauce den Ingwer schälen und fein reiben; etwa 1 Teelöffel wird davon benötigt. 320 Milliliter Kokosmilch mit dem Palmzucker oder braunen Zucker erhitzen. Ingwer und Orangensaft zur Kokosmilch geben und alles zusammen 3 Minuten sprudelnd kochen. Die Sauce mit Zitronensaft würzen und abkühlen lassen.
Den Reispudding stürzen und mit der Sauce begießen.

Bananen in Reispapier
Die Litschis aus der Schale brechen. Kumquats und Pflaumen waschen und mit einem Holzspießchen mehrmals rundherum einstechen. Den Orangensaft mit dem Palmzucker oder braunen Zucker erhitzen, bis der Zucker aufgelöst ist. Die Butter und die Früchte einrühren und abkühlen lassen.
Die Reispapierblätter zwischen recht feuchte Küchentücher legen, bis sie geschmeidig und formbar sind. Den Ingwer schälen und fein reiben; es werden etwa 2 Esslöffel Ingwer benötigt. Die Bananen schälen und quer halbieren. Jedes Stück Banane mit etwas Ingwer bestreichen und in einen halben Bogen Reispapier wickeln. Löcher und Risse lassen sich leicht mit feuchtem Reispapier kleben.
Reichlich Butterschmalz in einer Pfanne erhitzen und die Bananen darin rasch auf beiden Seiten knusprig braten. Herausnehmen und auf Küchenpapier entfetten. Jeweils 2 Bananenpäckchen auf Dessertteller legen. Die Früchte mit ihrer Sauce dazugeben und mit Minzeblättern garnieren.

Desserts aus Indien

Für 6 Portionen

KARDAMOMEIS

16 Kardamomkapseln
1,5 Liter Milch
200 g Palmzucker oder brauner Zucker
500 ml Kondensmilch
1 reife Banane
2 EL gehackte Pistazien
2 EL gehackte Mandeln
1 EL Rosenwasser
200 ml süße Sahne
1 Mango
etwas Zitronensaft
4 EL Mandelblättchen
Zimt zum Bestäuben
2 Stängel Pfefferminze

MÖHRENHALVA

500 g Möhren
500 ml Milch
100 ml süße Sahne
100 g Palmzucker oder brauner Zucker
100 g gemahlene Mandeln
8 Kardamomkapseln
1 Stück frischer Ingwer
4 EL Butterschmalz
4 EL Rosinen
4 EL Mandelstifte
4 EL ungesalzene Pistazien
Blattsilber nach Belieben

KARDAMOMEIS

Für das Eis die Samen aus 12 Kardamomkapseln brechen und im Mörser zerstoßen. Die Milch zum Kochen bringen und die Kardamomsamen zufügen. Die Milch bei milder Hitze um die Hälfte einkochen und durch ein feines Sieb gießen. Den Palmzucker einrühren bis er aufgelöst ist. Die Kondensmilch bei milder Hitze so lange kochen, bis sie pastös geworden ist. Diese Creme mit der heißen Milch verrühren. Zum Abkühlen beiseite stellen. Die Banane schälen und mit einer Gabel zerdrücken. Pistazien und Mandeln in einer fettfreien Pfanne rösten und abkühlen lassen. Die abgekühlte Milch mit dem Bananenpüree, den Pistazien, den Mandeln und dem Rosenwasser mischen. Die Sahne steif schlagen und unterheben. Diese Mischung in saubere Joghurtbecher füllen und über Nacht ins Gefriergerät stellen. Für die Garnitur die Mango schälen, vom Stein schneiden, das Fruchtfleisch pürieren und mit etwas Zitronensaft würzen. Die Samen aus den restlichen 4 Kardamomkapseln lösen. Die Mandelblättchen in einer fettfreien Pfanne leicht rösten und die Kardamomsamen kurz mitbraten.

Zum Servieren das Eis etwa 30 Minuten vor dem Anrichten aus dem Gefriergerät nehmen und auf Teller stürzen. Das Mangopüree dazugießen. Das Eis mit den Mandelblättchen bestreuen, mit Zimt bestäuben und mit einigen Minzeblättern garnieren.

MÖHRENHALVA

Die Möhren waschen, schälen und fein reiben. Die Milch mit der Sahne bei milder Hitze 10 Minuten kochen; dabei öfter umrühren. Die eingekochte Milch-Sahne-Mischung mit den Möhren und dem Zucker vermengen und so lange kochen, bis die Flüssigkeit verdampft ist. Die gemahlenen Mandeln einrühren. Die Samen aus den Kardamomkapseln brechen. Den Ingwer schälen und reiben; es wird etwa 1 Teelöffel benötigt. Das Butterschmalz in einer Pfanne erhitzen und Kardamomsamen und Ingwer darin kurz rösten. Die eingedickte Möhrenmasse und die Rosinen in die Pfanne geben, alles gut miteinander mischen und kurz braten. Das Dessert auf eine ovale Platte häufen. Mandelstifte und Pistazien igelförmig in die Oberfläche stecken und nach Belieben etwas Blattsilber über oder um das Dessert legen.

Desserts aus Nordamerika

Maispfannkuchen mit Ahornsirup

3 Äpfel
1 kleines Glas Weißwein
2 EL Zucker
2 EL Butter, ½ TL Zimt
2 EL Zitronensaft
125 g feines Maismehl
75 g Weizenmehl
1 TL Backpulver
1 kräftige Prise Salz
1 Ei, 1 Eigelb
etwa 300 ml Buttermilch
2 Scheiben Bacon (Frühstücksspeck)
Butterschmalz zum Braten
Ahornsirup

Pecannuss-Pie mit Schokolade

Für 6 Portionen
150 g Mehl, 1 Prise Salz
50 g kalte Butter
40 g kaltes Schweineschmalz
etwas Eiswasser aus Eiswürfeln
Butter für die Form
200 g Pecannusskerne
125 g Zartbitter-Schokolade
2 Eigelbe
3 Eier
100 g brauner Zucker
75 g Puderzucker
1 Päckchen Vanillezucker
150 g Malzextrakt
120 g Honig
Puderzucker zum Garnieren, 200 ml süße Sahne
½ TL Ingwerpulver
1 Päckchen Vanillezucker

Maispfannkuchen mit Ahornsirup

Für das Kompott die Äpfel schälen, entkernen und in große Würfel schneiden. Den Wein mit dem Zucker und den Äpfel zum Kochen bringen und garen, bis die Äpfel zerfallen. Butter, Zimt und Zitronensaft einrühren. Das Kompott abkühlen lassen.
Für den Teig das Maismehl mit dem Weizenmehl und dem Backpulver mischen. In einer separaten Schüssel Salz, Ei, Eigelb und 300 Milliliter Buttermilch verrühren. Die gewürzte Buttermilch mit der Mehlmischung vermengen. Den Teig 1 Stunde ruhen lassen.
Den Speck in einer Pfanne auf beiden Seiten knusprig braten und etwas abkühlen lassen. Den Speck zu feinen Bröseln zerkleinern und unter den geruhten Teig mischen. Bei Bedarf noch etwas Buttermilch zufügen.
Etwas Butterschmalz in einer Pfanne erhitzen und aus dem Teig nacheinander 12 handtellergroße Pfannkuchen backen.
Jeweils 3 Pfannkuchen mit etwas Apfelkompott auf Tellern anrichten und die Pfannkuchen mit Ahornsirup beträufeln.

Pecannuss-Pie mit Schokolade

Aus Mehl, Salz, Butter und Schmalz und Eiswasser einen glatten festen Teig kneten. Eine Pieform einfetten. Den Teig zwischen Frischhaltefolie ausrollen und in die Form legen. Den Rand mit einer Gabel verzieren. Den Boden 30 Minuten kühl stellen. Den Backofen auf 200 °C (Gas Stufe 3-4, Umluft 180 °C) vorheizen. Für die Füllung die Nüsse und die Schokolade nicht zu fein hacken. Die Eigelbe mit den Eiern, dem Zucker und dem gesiebten Puderzucker so lange rühren, bis sich der Zucker fast vollständig aufgelöst hat. Vanillezucker, Malzextrakt und Honig einrühren. Die Hälfte der Schokolade und die Nüsse unter die Füllung rühren. Die restliche Schokolade auf den Teigboden streuen. Die Füllung auf den Teigboden streichen. Die Form in den Backofen stellen und die Pie 10 Minuten backen. Die Temperatur auf 150 °C reduzieren und die Pie in 30 bis 40 Minuten fertig backen. Abkühlen lassen. Mit Puderzucker ein Muster auf die Pie streuen. Zum Servieren die Sahne mit dem Ingwer und dem Vanillezucker steif schlagen und zur Pie reichen.

ERNTESEGEN
Ahornsirup
Grad A

VERGOLDETE ANANAS

1 große Ananas
95 g Zucker
50 g Butter
4 EL weißer Rum
2 EL brauner Zucker
250 ml süße Sahne
160 ml Kokosmilch
1 Vanilleschote
etwas geriebene Zitronenschale
3 Eigelbe
1 Ei
8 Pfefferminzblätter in Streifen
etwas Goldflitter

KOKOSCREME

250 g Kokosflocken
250 ml süße Sahne
160 ml Kokosmilch
125 ml Milch
125 g Zucker
1 Päckchen Vanillezucker
1 Prise Salz
Butter für die Form
4 Eigelbe
4 EL weißer Rum
Zimt und Kakaopulver zum Bestäuben
60 g geschälte Mandeln

VERGOLDETE ANANAS

Von der Ananas einen Deckel abschneiden und das Fruchtfleisch so vorsichtig aushöhlen, dass die Hülle nicht beschädigt wird. Den Strunk entfernen und das Fruchtfleisch in kleine Stücke schneiden. Den Backofen auf 200 °C (Gas Stufe 3-4, Umluft 180 °C) vorheizen.

Für die Füllung 50 Gramm Zucker zu einem hellen Karamell schmelzen und wieder vom Herd nehmen. Die Butter, den Rum, den braunen Zucker und die Ananasstücke einrühren.

Die Ananashülle in eine schmale feuerfeste Form setzen und die Füllung hineingeben. Die Form auf die untere Schiene des Backofens stellen und die Ananas 25 bis 30 Minuten backen.

Für die Sauce die Sahne mit der Kokosmilch und 45 Gramm Zucker erhitzen. Die Vanilleschote längs aufschneiden und das Mark herausschaben. Mark, Schote und Zitronenschale zur Sahnemischung geben. Die Eigelbe mit dem Ei in einer Schüssel verrühren. Die heiße Sahnemischung einrühren, alles wieder in den Topf füllen und bei milder Hitze so lange erwärmen, bis die Sauce cremig ist. Die Minzestreifen unterrühren und die Vanilleschote entfernen. Zum Servieren etwas Sauce über die Ananas gießen und mit Goldflitter bestäuben. Die restliche Sauce getrennt dazu servieren.

KOKOSCREME

Von den Kokosflocken 2 Esslöffel zur Seite legen. Die restlichen Kokosflocken mit Sahne, Kokosmilch, Milch, Zucker, Vanillezucker und etwas Salz aufkochen und bei milder Hitze 30 Minuten köcheln lassen. Zwischendurch öfter umrühren. Den Backofen auf 200 °C (Gas Stufe 3-4, Umluft 180 °C) vorheizen. Eine runde oder eckige feuerfeste Form mit Butter einfetten.

Die Eigelbe mit dem Rum verquirlen und unter die Kokosmischung rühren. Die Kokoscreme in die Form gießen und die Oberfläche mit den beiseite gelegten Kokosflocken bestreuen. Etwas Zimt mit Kakaopulver mischen und über die Creme sieben. Die Mandeln in einem hübschen Muster auf die Oberfläche drücken. Die Kokoscreme im Backofen auf der mittleren Schiene 30 bis 35 Minuten goldgelb backen. Herausnehmen und leicht abkühlen lassen.

Sachregister

Rezeptregister

Soweit in den Rezepten nichts anderes vermerkt ist, sind die Zutaten für 4 Portionen berechnet.

Temperaturen im Backofen
Erfahrungsgemäß heizen Backöfen unterschiedlich. Die in den Rezepten angegebenen Backzeiten können deshalb nur Richtwerte sein und es empfiehlt sich, sie nach eigener Erfahrung anzupassen.

Abkürzungen:
EL = Esslöffel
TL = Teelöffel
g = Gramm
kg = Kilogramm
ml = Milliliter

Die Rezepte nach Gruppen

Die Rezepte alphabetisch

Bildquellen
Impressum

Sigloch Edition Bildarchiv: Rezeptbilder/ Wolfgang und Christel Feiler
S. 5 ZEFA
S. 7, S. 11, S. 17, S. 26 Achim Paul-Prößler
S. 6 (http://www.mpiz-koeln.mpg.de/~ stueber/koehler/)
S.12 (http://www.jaduland.de/kolonien/afrika/farmer/pages/kakao_jpg.htm)
S. 13 P.H.Design
Kakao S.14 (http://www.hachez.de/siehe Herstellung)
S. 32 (http://berufenet.arbeitsamt.de/bnet2/K/B3920100_bild_a.html)

www.sigloch-edition-bildarchiv.com

Redaktionelle Bearbeitung: Dr. Ute Paul-Prößler

Internet: http://www.sigloch.de

Druck: AS Preses Nams
Papier: UPM Finesse premium silk 135 g/m², UPM Kymmene Gruppe
Bindearbeiten: Sigloch Edition Buchbinderei, Am Buchberg 8,
D-74572 Blaufelden

ISBN: 978-389393-250-4
ISBN: 3-89393-250-X